Andreas Mundt

Lang lebe der Kaiser von Amerika!

Die Texte von **Andreas Mundt** laden zum Nachdenken und zum Schmunzeln ein. Und immer wieder lassen sie die Leser stutzen.
Merkwürdige Figuren tummeln sich in den seltsamen Geschichten, mal auf tragische, mal auf skurril-heitere Art.
Andreas Mundt lebt mit seiner Frau und drei Goldfischen in Lilienthal bei Bremen. Wenn er mal nicht schreibt, arbeitet er als Heilerziehungspfleger und trifft dabei immer wieder auf inspirierende und interessante Menschen.

Besuchen Sie den Autor auf seiner Homepage:
https://andreas-mundt.jimdofree.com/

Titelabbildung: © pixabay /12019, hinten © gemeinfrei,
die Abbildungen auf S.152, 155, 157, 159 sind © gemeinfrei.

1. Auflage 2023

ISBN 978-3-95494-320-3
www.edition-falkenberg.de

Andreas Mundt

Lang lebe der Kaiser von Amerika!

Eine verrückte, aber wahre Geschichte

Edition Falkenberg

Inhalt

Als Joshua Norton am 17. Januar 1811 in England geboren wurde, kam niemand auf den Gedanken, dass dieses Kind einmal der Kaiser von Amerika werden sollte.

Dass zur gleichen Zeit die kindliche Reinkarnation von George Washington in London lebte, ahnte ebenfalls niemand.

1811, Priors-Lee, West Midlands, England

In den frühen Morgenstunden ging John Norton im Salon auf und ab. Zwischendurch blieb er vor dem Kamin stehen, blickte in die Glut und saugte an seiner Zigarre. Doch gleich lief er von Unruhe getrieben wieder los, wie ein nervöser Löwe im Käfig. Aus der Schlafkammer klangen hysterische Schreie und jämmerliches Wehklagen im Wechsel herüber. Das Drama zog sich schon seit Stunden dahin. John blieb stehen und hielt sich an seiner Zigarre fest. Unwillig schüttelte er den Kopf, wohl um all den Lärm loszuwerden, und setzte seinen endlosen Marsch entschlossen fort. Zum hundertsten Male betete er leise murmelnd, Mutter und Kind mögen die Geburt gesund und wohlbehalten überstehen. Außerdem bat er bei den Allmächtigen dieser Gelegenheit auch gleich darum, ihm bloß kein Mädchen, sondern einen kräftigen Knaben zu bescheren.

Er schätzte sein Weib auch nach vielen Ehejahren noch. Auf eine dezente, unaufgeregte Weise liebte er sie sogar beinahe. Ihre Anmut und Jugend waren schon seit geraumer Zeit dahin, möglicherweise würde sie nie wieder schwanger werden. Sie war ja nicht mehr die Jüngste. Sarah war ihm eine gute und treu ergebene Gemahlin. Den Haushalt führte sie verlässlich und meistens ohne zu murren. Eine gute Frau. Er hoffte wirklich …

Plötzlich war nichts mehr zu hören. Er blieb vor dem Kamin stehen und lauschte angespannt. Eine beängstigende Stille stand drohend im Raum. Mit weichen Knien ging er in die

Hocke und stocherte mit dem Schürhaken in den Glutresten herum. Leuchtende Funken stoben durch die Luft. Gnadenlos zerriss ein neuer Schmerzensschrei die kurze Unterbrechung. Nachdem John ein weiteres Holzscheit in die Glut geworfen hatte, erhob er sich schwerfällig und nahm seinen unruhigen Gang wieder auf. Das Wehklagen in der Schlafkammer setzte sich fort.

Die Geschäfte liefen in letzter Zeit vorzüglich und John Norton hatte ein florierendes Unternehmen aufgebaut. Er brauchte einen Sohn. Wer sonst sollte die Firma später weiterführen? Wenn es so weiterging, konnte er in wenigen Jahren ein paar Leute einstellen. Auch für die Haushaltung würde er gerne weitere Bedienstete suchen und Sarah ein wenig entlasten.

Zurzeit unterhielten die Nortons lediglich einen ältlichen Diener namens Henry und die Dienstmagd Elizabeth. Sie hatte ihre Kammer unter dem Dach. Seit dort auch ihr Bankert schlief, mochte John nicht mehr zu ihr gehen. Vermutlich war dieses Kind das fleischgewordene Ergebnis seiner heimlichen Besuche bei dem sündhaften Weib.

Nicht erst, seit sie vor wenigen Wochen entbunden hatte, vernachlässigte sie ihre Aufgaben im Haus, hatte Sarah ihm geklagt. Vielleicht sollte er sie zum Teufel jagen, doch wer konnte schon wissen, was dieses Flittchen auf der Straße erzählen würde? Gerade jetzt, wo er im Begriff war, wahrhaft Großes zu erreichen, gerade jetzt, wo seine Gemahlin einen stattlichen Sohn zur Welt brachte. Er blieb stehen.

War das Wehgeschrei leiser geworden? John lauschte konzentriert. Nein, es klang noch ebenso erschütternd wie zuvor. Ungeduldig warf er die Zigarre in den Kamin und setzte seinen Gang fort. John konnte keine üble Nachrede gebrauchen. Jetzt nicht und auch später nicht. Vielleicht sollte er Beth als Kinderfrau und Amme einstellen und an ihrer Stelle ein neues Dienstmädchen suchen. Auf diese Weise konnte Beth seinen Sohn und ihren Bankert gleichzeitig versorgen. Er musste das Problem pragmatisch angehen.

Er war nicht herzlos, nein, John Norton war kein Unmensch. Schamlos hatte sie ihn verführt, ihm mit dem hübschen Hintern den Kopf verdreht und doch wollte er ihr unter seinem Dach Schutz und Obhut gewähren. Wenn das nicht als christliche Nächstenliebe angesehen werden konnte! Wenn er es richtig anstellte, würde er von vielen Gemeindemitgliedern sogar besonders geschätzt werden, da er sich bereit zeigte, eine schuldig gewordene Magd in seinen Diensten zu belassen. Wenn er den richtigen Leuten *seine* Version der unerfreulichen Geschichte erzählte, konnte sich diese Angelegenheit unter Umständen tatsächlich günstig auf die Geschäfte auswirken. Ein guter Leumund war Voraussetzung für seinen Aufstieg. Einen Skandal konnte er nicht brauchen.

Beth mit dem einst so hübschen Hintern befand sich in der Schlafkammer und ging der Hebamme zur Hand. Dem hysterischen Lärm nach zu urteilen, sollte sein Sohn schon bald die erste Schlacht geschlagen haben.

Endlich kam der erlösende Ruf. »Es ist ein Junge!«

Es folgte das wütende Geschrei eines Neugeborenen. Sein Sohn war da. Gelobt sei Gott!

Bereits am Nachmittag teilte John seiner Gattin und Elizabeth mit, dass er mit sofortiger Wirkung das Dienstmädchen zur Amme und Kinderfrau beförderte. Wenig später in einem kurzen Gespräch unter vier Augen sagte er zu Beth: »Nun habe ich dir einen großen Dienst erwiesen. Dafür verlange ich absolute Diskretion, was unser kleines Geheimnis angeht.«

Sie erfüllte brav seine Erwartung, denn als Mutter eines unehelichen Kindes hatte sie keine Chance auf eine Anstellung in einem anderen seriösen Haus.

John besuchte Beth nie wieder in ihrer Kammer. Und das lag nicht nur daran, dass dort auch ihr Bankert wohnte. Die einst so hübsche Dienstmagd war ein wenig aus der Form geraten. Da gefiel ihm das neue Mädchen, die bezaubernde Ann, einfach besser.

1819, Priors-Lee, West Midlands, England

Joshua Norton verbrachte seine ersten Lebensjahre in der kleinen Kirchengemeinde Priors-Lee. Sein bester Freund und Spielkamerad war Sammy, der eigentlich Samuel hieß. Die Jungs tollten gerne auf der Wiese hinter dem Haus herum. Als sie etwas größer waren, bauten sie Hütten aus Zweigen oder lieferten sich wilde Schwertkämpfe mit Stöckern. Joshuas Eltern hatten nichts dagegen, dass er mit Sammy spielte. Er sollte jedoch niemals vergessen, dass er etwas Besseres war. Samuel sei bloß ein Bankert, erklärte ihm seine Mutter freundlich, Joshua hingegen stammte aus gutem Hause. So ganz verstand der Junge das nicht. Sammy kam doch aus dem gleichen Haus wie er. Sein Freund lebte oben in der Dachkammer bei Beth und er, Joshua, in seinem Kinderzimmer.

»Du bist ein Bankert«, verriet er seinem Freund, als sie an einem späten Nachmittag in ihrer Hütte aus Weidenstecken hockten. Sammy zuckte die Schultern und meinte: »Das mag wohl sein.« Kurz dachte er darüber nach und fragte Joshua: »Was ist ein Bankert?«

»Ich habe keine Ahnung«, antwortete er vergnügt, »aber wenn du einer bist, dann bin ich das auch. Immerhin kommen wir aus dem gleichen Hause.«

Die Jungen lachten, tanzten um ihre Hütte einen Indianertanz und krakelten lauthals: »Wir sind Bankerts, tätärä! Wir sind Bankerts, tätärä!«

Beth kam kreidebleich angelaufen, gab Sammy eine schallende Ohrfeige und zeterte: »Dieses Wort will ich nie wieder hören! Habt ihr das verstanden?«

»Jawohl«, antwortete Joshua und nickte eifrig mit dem Kopf.

»Sammy?«, fragte Beth ihren Sohn streng.

»Ja, Mutter.« Er hielt sich die rot anlaufende Wange. »Ich habe verstanden.«

Beim Abendessen mit seinen Eltern überlegte Joshua, was Beth wohl gesagt hätte, wenn sie wüsste, dass er diesen Ausdruck von seiner Mutter gelernt hatte. Und im nächsten Moment überlegte er, was das komische Wort wohl bedeuteten könnte, doch er traute sich nicht, danach zu fragen.

Die beiden Jungen sprachen das verbotene Wort nie wieder laut aus. Bisweilen stupsten sie sich an und flüsterten sich leise zu: »Du bist ein Bankert, tätärä!« Dabei kicherten sie verstohlen.

Sammy hatte eine merkwürdige Angewohnheit. Manchmal hielt er mitten im schönsten Spiel inne und starrte mit einem etwas dämlichen Gesichtsausdruck ins Leere. Nach einer Weile schloss er den Mund wieder und spielte weiter, als sei nichts gewesen. Wenn die Kinderfrau Beth das sah, runzelte sie die Stirn und guckte irgendwie traurig. Zuweilen stieß sie ihn an, um ihn aus diesem sonderlichen Zustand zu wecken. Das funktionierte aber in der Regel nicht. Wenn Sammy ›Löcher in die Luft starrte‹, wie Beth es nannte, konnte man nur abwarten, bis er wieder aufwachte. Einmal hörte Joshua, wie Henry, der alte Hausdiener, zu ihr sagte: »Ich glaube, dein Junge ist nicht ganz richtig im Kopf. Du solltest mal beim Doktor vorsprechen.« Dann sahen die beiden Joshua in der Tür stehen und das Gespräch wurde abrupt beendet.

Nachdem Sammy wieder einmal aus diesem merkwürdigen Zustand erwachte, fragte Joshua ihn einfach direkt: »Sag mal Sammy, bist du eigentlich ganz richtig im Kopf?«

»Keine Ahnung. Wieso fragst du?«

»Weiß nicht, du schaust zuweilen so komisch in die Luft.«

»Ich habe bloß zugehört. Das mache ich manchmal.«

»Wem hast du zugehört? Ich habe doch gar nichts gesagt.«

»Du nicht, aber die Stimmen.«

Joshua wunderte sich. »Hörst du die immer, wenn du so komisch bist?«

»Ja, natürlich.«

Joshua lauschte angestrengt. »Ich höre nichts. Da sind keine Stimmen.«

Sammy sah ihn erstaunt an. »Du hast nicht verstanden, was sie gerade gesagt haben?«

»Natürlich nicht. Da sind keine Stimmen.« Joshua lachte freundlich und stellte fest: »Und wenn doch, dann in deinem Kopf, du Bankert.«

Vom Hause her hörten sie Beth rufen: »Kinder, kommt ins Haus, bald gibt es Abendessen!«

Die beiden Jungen rannten los. Es war nicht gut, Beth warten zu lassen. Sie war gelegentlich etwas ungeduldig und es setzte Ohrfeigen, wenn sie sich nicht sputeten. Jedenfalls für Sammy.

»Was haben sie denn gesagt, die Stimmen in deinem Kopf?«, fragte Joshua auf halber Strecke.

Sammy blieb stehen. »Sag bloß, du hast sie wirklich nicht gehört?«

Joshua stoppte ebenfalls seinen Lauf und ging die paar Schritte zu seinem Freund zurück. »Natürlich nicht.«

»Sie haben gesagt, dass bald alles anders wird. Du wirst auf eine lange Reise gehen und nicht zurückkehren.«

»Kinder, kommt ins Haus, lasst mich nicht warten«, rief Beth.

Sie trabten los und Joshua war sich sicher, dass der alte Henry recht hatte: Sammy war wirklich nicht ganz richtig im Kopf. Das machte aber nichts. Er war sein Freund.

1820, London, England

Während Joshua und Sammy miteinander balgten und fröhliche Kinderspiele spielten, saß in einem Hinterhof im weit entfernten London ein 16-jähriger Bursche namens Frederick Coombs. Gespannt beobachtete er Ameisen, die einen angegammelten Apfel zerlegten. Wie konnte es angehen, dass diese winzigen Wesen es schafften, so große Stückchen davonzuschleppen? Sie hatten nur ganz dünne Beinchen und praktisch überhaupt keine Muskeln. Wer wusste, wie es ging, konnte offensichtlich Dinge vom Fleck bringen, die sich ansonsten bloß mit reiner Muskelkraft bewegen ließen. Frederick war fasziniert. Wie konnte es sein, dass diese Tierchen so perfekt zusammenarbeiteten, scheinbar ohne miteinander zu kommunizieren? Da gab es keinen General, keinen Chef, keinen Meister. Sie taten, was sie tun mussten, gemeinsam brachten sie ihre viel zu große Beute dorthin, wo sie sie haben wollten. Jede einzelne Ameise wusste genau, was zu tun war. Frederick liebte es, über Geheimnisse dieser Art nachzudenken. Er liebte es zu erforschen, wie Dinge funktionierten, die eigentlich gar nicht funktionieren konnten.

Seit seine Eltern vor Jahren auf tragische Weise ums Leben gekommen waren, lebte er bei seinem Onkel, den er vorher noch nie gesehen hatte. Er mochte ihn nicht besonders und vermutlich konnte der alte Kerl ihn ebenfalls nicht leiden. Auch seine Tante hatte für Frederick kein freundliches Wort, kein kleines Lächeln übrig und nichts, was als Zeichen von Zuneigung hätte ausgelegt werden können. Nein, Onkel und Tante konnte Frederick ebenso wenig ausstehen, wie er sie. Sobald sich eine Gelegenheit bieten würde, wollte er das Weite suchen, hinaus in die Welt ziehen, die doch voller Abenteuer steckte und voller Geheimnisse, die gelöst werden wollten.

1820, Priors-Lee, West Midlands, England

»Die britische Kapkolonie, das ist die Zukunft!«, schwärmte Joshuas Vater. »Dort machen wir unser Glück! Im Süden Afrikas!«

Die Mutter sagte nichts dazu. Auch Joshua schwieg. Der Vater hatte es nicht gerne, wenn der Junge bei Tisch ungefragt redete.

»In den letzten Jahren haben sich die Geschäfte nicht so entwickelt wie erwartet. Es sind sogar gewisse finanzielle Engpässe entstanden. Hierzulande ist die Konkurrenz zu groß. Das drückt die Preise. In Afrika kann ich direkt vor Ort günstig einkaufen und die Ware selber nach England verschiffen lassen. Die Zwischenhändler kann ich auf diese Weise überspringen. Außerdem gedenke ich, in den südafrikanischen Immobilienhandel einzusteigen. Die Gewinnspanne wird riesig und wir werden fantastische Umsätze machen.« Er fuchtelte beim Reden mit der Gabel herum. »Sarah, meine Liebe, in der Kapkolonie können wir ein ganz anderes Leben führen, das schwöre ich dir. Wir werden reich werden. Und wenn ich das sage, dann meine ich: *richtig* reich. Ich habe bereits alles in die Wege geleitet. In zwei Monaten stechen wir in See.«

Die Mutter lächelte stumm. Joshua verschluckte sich und musste schrecklich husten. Ein Bissen war ihm quer im Halse steckengeblieben und er bekam keine Luft. Da lächelte die Mutter nicht mehr. Sie schlug dem Jungen zwischen die Schulterblätter und schüttelte ihn. Endlich konnte Joshua wieder frei atmen. Gierig sog er die Luft ein.

»Hier, mein Junge, trink etwas.« Sie reichte ihm ein Glas mit Wasser. Der Vater hatte seine begeisterte Rede nur kurz unterbrochen und jubelte weiter: »Du hast dir doch immer weitere Dienstboten gewünscht, meine liebe Sarah, und ein größeres Haus. In Afrika werden wir einen Palast beziehen, *einen Palast*! Und Diener gibt es dort für ein paar Penny. Die sind alle schwarz wie die Nacht und voller Ehrfurcht vor Leuten wie unsereins. Das wird wunderbar, sag ich dir, ganz wunderbar!«

»Ich verstehe ja nichts von geschäftlichen Dingen«, gab Mutter zu. »Du wirst sicherlich alles gründlich durchdacht haben, mein lieber Mann. Ich frage mich aber, wie wir einen Umzug an das andere Ende der Welt bewerkstelligen sollen. Das wird doch ein Vermögen kosten.«

»Das lass mal getrost meine Sorge sein, meine Liebe.« Der Vater lachte. »Gewiss kostet eine solche Umsiedlung eine Menge Geld. Jedoch hat die britische Regierung sich freundlicherweise bereiterklärt, uns die Überfahrt zu bezahlen. Und außerdem schenkt sie uns dort ein prächtiges Stück Land.«

»Wie das?«

»Das ist ganz einfach, meine Liebe, jedenfalls, wenn man so viel von der großen Weltpolitik versteht wie ich. In der Vergangenheit gab es Aufstände und Unruhen in diesen Gebieten. Da nun alles im Sinne des Britischen Empires geregelt ist, soll die Zivilisation in die südafrikanische Kolonie einziehen. Und dabei ist die Krone auf unsere Dienste angewiesen.«

Der Vater griff sein Glas und leerte es in einem Zug.

»Die Kapkolonie soll mit guten britischen Bürgern bevölkert und auf diese Weise endgültig befriedet werden, zum Ruhme des Empires und zu unserem Wohlstand!«

»Ich will aber nicht nach Afrika«, traute sich Joshua zu sagen.

Nun war sein Vater an der Reihe, sich zu verschlucken. Er prustete und ließ feine Rotweintropfen auf das Abendessen und seine kleine Familie regnen.

»Was sagst du?« Wütend schlug er mit der Faust auf den Tisch. »Hat dich jemand gefragt?«

Joshua antwortete nicht. Eingeschüchtert blickte er nach unten und versuchte, nicht zu weinen.

»Bei Tisch soll man Kinder sehen, nicht hören«, stellte der Vater ruhig fest und befahl: »Geh in dein Zimmer, es ist Schlafenszeit.«

Joshua war froh, den Raum verlassen zu dürfen und schlich mit gesenktem Kopf davon. An der Tür murmelte er leise und trotzig: »Ich will aber nicht nach Afrika.«

Niemand hörte ihn.

Ein paar Tage später saß Joshua neben Sammy auf der alten Steinmauer und überlegte, ob er seinem Freund von der geplanten Reise erzählen sollte. Gerade wollte er damit anfangen, da verdrehte Sammy wieder so merkwürdig seine Augen und starrte ins Leere. Nachdem er aus dem Dämmerzustand aufgetaucht war, fragte Joshua neugierig: »Und? Was sagen die Stimmen?«

»Sie haben von dir geredet.«

»Was denn?«

Sammy zögerte kurz und sah Joshua ins Gesicht. »Sie haben erzählt, dass aus dir etwas ganz Besonderes wird. Du wirst, wenn du erwachsen bist, ein bedeutender Mann.«

Joshua lachte. »Vielleicht werde ich ja ein Ritter oder der König von England!« Er schlug Sammy auf die Schulter. »Und dich mache ich zu meinem Minister! Mindestens!«

»Blödsinn!«, blaffte Sammy. »Hast du schon vergessen? Du wirst bald auf eine große Reise gehen und nie wieder zurückkehren.« Er sprang von der Mauer. »Ich werde für immer hier bleiben«, rief er weinerlich und lief davon.

Joshua glaubte gesehen zu haben, dass ihm Tränen über das Gesicht liefen.

In der nächsten Zeit sprachen die Jungs nicht mehr darüber. Es war nicht so, dass sie vergessen hätten, welch finstere Wolken sich dort am kindlichen Horizont aufbauten, doch sie redeten nicht darüber und so gelang es ihnen, nicht mehr daran zu denken.

Doch ob es den beiden gefiel oder nicht: Eines Tages wurden die Koffer gepackt, die Bediensteten entlassen und das Anwesen verkauft. Die Stimmen in Sammys Kopf behielten recht: Joshua sah seinen besten Freund nie wieder.

Die Familie Norton fuhr nach London, wo sie sich einschiffte. Für den Jungen war die Reise beeindruckend. Die Fahrt mit der Postkutsche, die vielen Leute und das hektische Großstadtgewühl in London, all das bestaunte der kleine Joshua mit großen Augen. Erst nachdem er ein paar Tage auf dem Schiff verbracht hatte, legte sich die Aufregung allmählich. Die Zeit schaukelte an ihm vorbei, ohne dass etwas geschah. Nun dachte er oft wieder an seinen besten Freund. Er vermisste ihn. Manchmal sang Joshua vor sich hin, ganz leise, damit ihn niemand hören konnte: »Wir sind Bankerts, tätärä! Wir sind Bankerts, tätärä!« Wenn Sammy mit an Bord gewesen wäre, hätte die ganze Sache Spaß machen können. Bald hatte Joshua nicht einmal etwas dagegen, von der Mutter in Rechnen und Schreiben unterrichtet zu werden, denn ohne seinen besten Freund wurde ihm die ganze Seereise furchtbar lang und langweilig.

1823, London, England

»So scher dich zum Teufel, du undankbarer Bursche«, schnauzte Fredericks Onkel ihn zum Abschied an. Seine Tante sagte nichts, kniff bloß ihre schmalen Lippen zusammen und drehte sich wortlos um. Frederick war es nur recht. Widerwillig hatte ihm der Onkel einen Teil des Nachlasses seines Vaters ausgezahlt, nicht ohne eine beträchtliche Summe für Kost und Logis der letzten Jahre einzubehalten. Frederick pfiff auf das Geld. Hauptsache er konnte das ungeliebte Haus und die verhassten Pflegeeltern endlich verlassen. Nun hatte er das Leben und die Freiheit vor sich. Er war 19 Jahre alt, in seinem Reisebeutel befanden sich ein paar englische Pfunde und was das Beste von allem war: Er hatte eine Anstellung bei der Britischen Ostindien-Kompanie, einer hochangesehenen Kaufmannsgesellschaft für den Indienhandel. Noch am gleichen Nachmittag sollte er sich im Hafen melden und nach Kalkutta einschiffen. Was für ein Abenteuer! Die Welt lag ihm zu Füßen! Da pfiff er doch auf Onkel und Tante und auf die paar Kröten, die sie ihm von seinem Erbe gestohlen hatten! Da pfiff er doch auf London mit all den stinkenden Gassen und schmutzigen Hinterhöfen! Er, Frederick Coombs, wollte in die Welt hinaus! Und durch seine gute Anstellung in der Kompanie würde Frederick in den Abendstunden und in den Nächten Zeit haben, sich mit der Erforschung ungeklärter Fragen zu beschäftigen. Seit einiger Zeit faszinierte ihn eine sonderbare Sache, die Elektrizität genannt wurde. Da waren geheimnisvolle Kräfte im Spiel, mit denen ein kluger Kopf sicherlich etwas anfangen konnte. Er wollte sie erforschen, beherrschen und schließlich nutzen.

1820 bis 1840, Kapkolonie, Afrika

So, wie es sich John Norton erhofft hatte, liefen die Geschäfte in Afrika vorzüglich. Auch der Palast, den er seiner Frau versprochen hatte, war bald gefunden. Das schöne weiße Holzhaus mit der riesigen Veranda und einem großen Grundstück stand nicht direkt in Kapstadt, aber doch in der Nähe. Norton konnte sein Handelskontor in der Hauptstadt innerhalb einer halben Stunde mit dem Zweispänner erreichen. Auch, was die Anzahl der Hausangestellten anging, brauchte er seine Gattin nicht zu enttäuschen. Schon bald konnte er schwarze Diener einstellen, die sogar die englische Sprache einigermaßen verstanden. Dabei kam der kleinen Familie zugute, dass viele Briten vor Ort lebten und ihnen mit Rat und Tat zur Seite standen. John Norton war zufrieden. Das neue Leben in Afrika und die Geschäfte könnten kaum besser laufen. Allerdings war es nicht einfach, für seinen Jungen einen geeigneten Hauslehrer zu finden. Auf Dauer konnte seine Frau Sarah dem Buben natürlich nicht den notwendigen Unterricht erteilen. Und selbstverständlich kam auch kein Schwarzer für diese Aufgabe infrage. Doch glücklicherweise lernte Norton bald Mister Baker kennen.

An einem Abend erzählte er seiner Frau: »Stell dir vor, meine Liebe. Mister Baker bietet uns an, den Jungen am Unterricht seiner Söhne teilnehmen zu lassen.«

»Das ist ja wunderbar.«

»Allerdings. Sie haben einen vorzüglichen Mann an der Hand. Mister Baker hat mir versichert, dass der seine Buben mit dem nötigen Maß an Strenge, aber auch an Zuneigung behandelt, und Unterricht in allen notwendigen Fächern erteilt. Der Mann hat in London studiert. Ich habe mit ihm reden dürfen. Ein kompetenter Privatlehrer, patriotisch, aufrichtig und belesen.«

»Das freut mich sehr. Vielleicht kann Joshua sich auch mit den Baker-Jungen anfreunden. Ich glaube, er fühlt sich etwas einsam hier.«

»Papperlapapp. Der Junge soll sich nicht so anstellen.«

Doch Sarah lag richtig. Joshua fühlte sich äußerst unwohl in Afrika. Er vermisste seinen Freund Sammy und auch die strenge Kinderfrau Beth. Ja, sogar den alten, mürrischen Diener Henry. Hier in der britischen Kolonie roch die Luft ganz anders als Zuhause in England, es gab merkwürdige Tiere und Pflanzen und noch merkwürdigere Menschen. Joshua fürchtete sich vor den dunkelhäutigen Leuten, die so komisch sprachen. Mit den Baker-Jungen konnte er nur wenig anfangen. Henry Baker trug nicht bloß den gleichen Vornamen wie der Diener, den die Nortons in England zurückgelassen hatten, er war auch genauso mürrisch und dauerhaft schlecht gelaunt. Und sein jüngerer Bruder, Jacob Baker, war einfach bloß furchtbar langweilig. Der lachte nie und lernte stur und gehorsam die Aufgaben, die der Hauslehrer ihnen auftrug. Einen Spaß machte Jacob niemals mit und Joshua war sich sicher, weder Henry noch Jacob würden jemals Stimmen in ihren Köpfen hören. Er vermisste Sammy, den Bankert, der nicht ganz richtig im Kopf war.

1844, Michigan, USA

Frederick liebte das rhythmische Donnern der Eisenbahnwaggons auf den Gleisen. Es wirkte beruhigend und hatte etwas Zeitloses und gleichzeitig etwas Modernes. Auf der Bank ihm gegenüber hatte ein Herr in einem dunklen Anzug seinen Platz gefunden. Der Kopf war auf die Brust gesunken und die Augen waren ihm zugefallen. Aus dem leicht geöffneten Mund lief etwas Speichel über das markante Kinn. Die elegante Kleidung und die goldene Uhrkette ließen darauf schließen, dass er ein erfolgreicher Geschäftsmann war. Vermutlich wäre es dem Herrn unangenehm gewesen, wenn er gewusst hätte, dass er im Schlaf beobachtet wurde. Frederick löste seinen Blick und betrachtete die vorüberziehende Landschaft durch das Fenster.

Sechs Jahre war es nun schon her, seit er seine großartige Erfindung in London vorgestellt hatte. In Britisch-Indien hatte er sich lange mit den Möglichkeiten der elektrischen Kraft auseinandergesetzt. Dabei hatte er eine strombetriebene Lokomotive entwickelt, die gerade dreißig Kilogramm wog. Die Leute waren beeindruckt gewesen, doch nennenswerte finanzielle Angebote waren leider ausgeblieben. In London lag der traditionelle Staub und Mief der Jahrhunderte auf den Gemütern, doch hier in Amerika war der Fortschritt zuhause. Hier, so hatte Frederick angenommen, stand man technischen Innovationen offen gegenüber. Und tatsächlich hatte er die Möglichkeit bekommen, seine neuartige Lokomotive in New York und in Philadelphia vorzustellen. Und die Fachwelt war begeistert. Die Leute hatten ihn bejubelt und bewundert. 1839, Coombs war gerade 36 Jahre alt geworden, war ihm sogar ein Diplom für seine Entwicklungsarbeit an der elektrischen Lokomotive verliehen worden. Doch, obwohl seitdem viel Zeit ins Land gegangen war, wurden die Eisenbahnen nach wie vor von tonnenschweren Dampflokomotiven gezogen. Hätten die großen Eisenbahngesellschaften wie *Baltimore & Ohio Railroad* oder die *South Carolina Railroad* auf seine Technik gesetzt, statt auf die schweren Dampflokomotiven, hätten sie schon lange die gesamten Vereinigten Staaten mit einem gigantischen Schienennetz erschließen können. Doch offensichtlich war die Menschheit noch nicht reif für das Wunderwerk einer elektrisch betriebenen Lokomotive. Und deswegen war auch bloß der Westen Amerikas mit einer modernen Eisenbahninfrastruktur gesegnet. Frederick hatte der Welt wahrhaftigen Fortschritt angeboten – sie hatte ihn nicht haben wollen. Die Menschheit wollte lieber in ihrer Erstarrung stillstehen, die Menschheit war zu träge, um auf den fahrenden elektrischen Zug aufzuspringen. Doch das konnte ihm egal sein. Reine

Mechanik und die Sache mit einem modernen, äußerst effizienten Antrieb interessierten ihn sowieso nicht mehr besonders.

Seit einiger Zeit befasste er sich mit der hohen Wissenschaft der Phrenologie. Nach phrenologischen Grundsätzen konnten an Kopf- und Schädelform individuelle Charakterzüge und kognitive Fähigkeiten abgelesen werden. Jede menschliche Eigenschaft war an einer bestimmten Stelle im Gehirn verortet. So kam es, dass bei besonders intelligenten oder besonders gefühlvollen Personen bestimmte Hirnareale anders ausgeprägt waren, anders als bei dummen oder gefühlsarmen Menschen. Das hatte wiederum zur Folge, dass diese Gehirne spezifisch geformt waren und damit ebenfalls der äußere Schädel. Wer wusste, welche Eigenart an welcher Stelle im Hirn ihren Sitz hatte, konnte ohne Probleme an der Kopfform ablesen, was für eine Persönlichkeit er vor sich hatte. Auch der Abstand zwischen den Augen, die Länge und die Form von Nasen, Lippen und sogar Ohrläppchen wurden dadurch beeinflusst und konnte bei entsprechender Fachkenntnis abgelesen werden. Und Frederick verfügte über dieses Wissen.

Vor einigen Jahren hatte er eine systematische Abhandlung darüber verfasst und veröffentlicht. Sein Buch *Popular Phrenology* war überaus erfolgreich und auch heute noch musste es ständig nachgedruckt werden. Da spielte es keine Rolle, dass manche Leute, die sich für die wissenschaftliche Elite hielten, ihn als »Quacksalber« oder »Kurpfuscher« bezeichneten. Wie sie ihn auch verhöhnten und verspotteten, es gab genügend Anhänger dieser neuen Wissenschaft und so reiste Frederick kreuz und quer durch das endlose Land und hielt Vorträge über die faszinierende Welt der Phrenologie.

Erneut betrachtete er den schlafenden Herrn, studierte die Gesichtszüge sorgfältig nach phrenologischen Maßstäben. Die aristokratisch wirkende Stirn ließ auf außergewöhnliche Intelligenz und hohe moralische Werte schließen. Das kantige Kinn auf mentale Kraft und Durchsetzungsvermögen. Allerdings lagen die Augen etwas zu dicht beieinander. Daraus konnte geschlussfolgert werden, dass der Herr sich von niederen Trieben leiten ließ, eine leichte Neigung zur Bestechlichkeit und zur Wollust hatte. Frederick war fasziniert.

Nicht oft hatte er die Gelegenheit, dermaßen widersprüchliche Hinweise an einem Kopf zu lesen. Zu gerne hätte er sein Gegenüber näher kennengelernt und ausführlich befragt. Im Geheimen musste er sogar zugeben, dass er allzu gerne dieses Hirn zerlegt und untersucht hätte. Leider konnte er den Herrn schlecht wecken und fragen, ob er bereit wäre, ihm nach seinem Ableben, das, so Gott wolle, noch viele Jahre auf sich warten lassen würde, sein Gehirn zu analytischen Untersuchungen überlassen wollte.

Der Geschäftsmann schreckte auf. Kurz sah er sich um, wischte sich sein Kinn mit einem Taschentuch ab und murmelte: »Entschuldigen Sie bitte, ich muss kurz eingenickt sein.«

Für den Rest der Reise hielt der Geschäftsmann seine Augen offen und Frederick bemühte sich, ihn nicht zu sehr anzustarren.

1849, Kapkolonie, Afrika

Nachdem Joshua zu einem jungen Mann herangewachsen war, wurde er als gelehriger Schüler in die Geschäfte des Vaters eingewiesen. John Norton war hocherfreut über das offensichtliche Handelstalent des Sohnes. Abends im Salon unterhielten sich die beiden oft stundenlang über die Geschäfte.

»Ihr Männer kennt tatsächlich nur ein Thema«, klagte Sarah.

»Davon verstehst du nichts«, sagte ihr Mann daraufhin. »Ich bin eben froh, in meinem Sohn einen so kompetenten Geschäftsmann an der Seite zu haben. Es wird nicht mehr lange dauern, bis Joshua bessere Deals abschließt als sein alter Vater.«

Solche anerkennenden Worte hörte der junge Norton natürlich gerne. Und sie spornten ihn an, noch bessere Leistung zu bringen. Der Stolz des Vaters wuchs von Tag zu Tag. Schon lange sah er in seinem Sohn keinen kleinen Bengel mehr, sondern einen vollwertigen und fähigen Geschäftsmann und Partner.

Nachdem Joshua einige Jahre mit seinem Vater zusammengearbeitet hatte, bat er ihn mit ernster Mine um ein Gespräch.

»Nanu, mein Sohn, so förmlich?«

»Ja, es ist von Bedeutung.«

»Nun denn, wann passt es dir? Wollen wir sogleich in mein Kontor gehen?«

Joshua stimmte zu und folgte dem Vater. Im Büro bot der alte Herr seinem Sohn eine Zigarre an. »Dabei redet es sich doch gleich besser, nicht wahr?«

Die beiden Männer rauchten und schwiegen für eine Weile. Joshua wusste aus Erfahrung, dass er sich bei seinem Vater besser durchsetzen konnte, wenn dieser das Gespräch eröffnete. Der wiederum hatte diesen Schachzug seines Sohnes natürlich durchschaut und genoss ihn. Über die Jahre hatten die beiden eine respektvolle Hochachtung und tiefe Zuneigung voreinander gewonnen.

»Nun, mein Junge, was hast du auf dem Herzen?« Er blies Zigarrenqualm aus.

Joshua antwortete: »Wir arbeiten nun schon so viele Jahre zusammen.«

Der alte Norton nickte.

»Alles, was ich über den Handel gelernt habe, habe ich von dir gelernt. Und dafür bin ich dir dankbar.«

»Wird das hier eine Grabrede?«

Joshua zögerte kurz, sagte dann: »Vielleicht in gewisser Weise. Ich möchte sozusagen mein altes Leben zu Grabe tragen.«

»Und das heißt?«

»Ich möchte meinen eigenen Handel betreiben. Ich bin 37 Jahre alt, meinst du nicht, es ist an der Zeit?«

John Norton räusperte sich.

»Da draußen«, Joshua wies mit einer Geste zum Fenster, »gibt es noch so viel zu tun, so viele Geschäfte abzuschließen. Die Welt ist groß. Es gibt noch mehr als dein Handelskontor, Vater.«

»Du bist kein Kind mehr. Dennoch lodert in dir das Feuer der Jugend. Eine interessante Kombination. Interessant und gefährlich.«

Dazu sagte Joshua nichts.

»Also, mein Junge, jetzt werde bitte konkret. Was hast du vor?«

Nun war der Moment gekommen, nun war es an der Zeit, mit seinen Plänen herauszurücken. »Ich möchte nach Amerika.« Beinahe hätte er noch hinzugefügt, dass die Zukunft des Handels in Übersee liege. Wo sonst sollte er noch expandieren, wenn nicht dort? Doch auf diesen Gedanken sollte sein Vater lieber selber kommen.

»Nun ja, mein lieber Joshua, das hast du dir fein überlegt. Wo sollte der weltweite Handel expandieren, wenn nicht in den Vereinigten Staaten? Dort liegt die Zukunft, dort und nirgends sonst.«

Eine Weile beobachteten sie die Rauchwolken.

»Als wir damals hierhergekommen sind, spielte hier die Musik, hier in der Kapkolonie.« John Norton runzelte die Stirn und rechnete nach. Das sah Joshua ihm an. »28 Jahre ist es nun her. Auf dem englischen Markt war kein Penny mehr zu machen. Es war keine leichte Entscheidung, aber es war die richtige. Geh nach Amerika, such dein Glück, mein Junge! Ich bin mir sicher, du wirst es finden.«

»Danke, Vater.« Joshua legte seine Zigarre in den Aschenbecher, erhob sich und wollte gehen.

»Ich werde dir 40.000 US-Dollar geben. Als Startkapital.«

»Danke, Vater«, sagte Joshua erneut und verließ das Büro.

»Vielleicht kommst du ja eines Tages zurück«, murmelte der alte Norton und zog an seiner Zigarre.

1850, San Francisco, USA

Alles, was Frederick zur Wissenschaft der Phrenologie beitragen konnte, hatte er der Menschheit in seinem Buch und auf den zahllosen Vorträgen seiner Reisen kreuz und quer durch die Vereinigten Staaten mitgeteilt. Doch die wissenschaftliche Welt hatte sich nicht dafür interessiert. Und seine elektrische Lokomotive, die ja nun wirklich eine unglaubliche Innovation hätte sein können, war ignoriert worden, und ist offensichtlich in Vergessenheit geraten. Auch mit der Telegrafie mochte sich Frederick nicht mehr befassen. Zu undankbar zeigte sich die Menschheit. Niemand glaubte ihm, dass er es war, der die Technik entwickelt hatte, die zur elektrischen Übermittlung von Nachrichten genutzt wurde. Jedermann nannte *seine* Erfindung den »Morse-Apparat«, die »Morse-Telegrafie«. Dabei hatte der Betrüger Samuel Morse gar nichts geleistet. Es war *seine*, Fredericks Erfindung. Auch wenn ihm Ruhm und Reichtum vorenthalten wurden. Es war an der Zeit, sich mit anderen Dingen zu beschäftigen, es war an der Zeit, das rastlose Reisen zu beenden und sich niederzulassen.

San Francisco war ein guter Platz, um ein neues Leben zu beginnen. Frederick mochte diesen charmanten Ort. Hier hatte man an jeder erdenklichen Straßenecke einen Blick auf den wilden Pazifik oder auf traumhaft ruhige Buchten. Die Stadt war wunderschön gelegen und wie geschaffen für ihn, denn er war nicht bloß ein einmaliger Erfinder, nein, er war auch ein bedeutender Fotograf. Er war von jeher davon fasziniert, die sichtbare Welt auf technischem Weg künstlerisch zu dokumentieren. Es war gewiss kein Zufall, dass ausgerechnet er die Möglichkeiten der modernen Fotografie weiterentwickelt und wesentlich verbessert hatte.

Am Portsmouth Square eröffnete er eine kleine Fotogalerie. Hier konnten sich die einfachen Leute gegen ein bescheidenes Entgelt fotografieren lassen. Frederick war ein Menschenfreund. Außerdem stellte er seine bereits erschaffenen Bilder aus. Es gab allerlei zu sehen, diverse Kuriositäten und wunderbare Landschaften. Er zeigte Aufnahmen von Zwergen, die auf Ziegen ritten, oder von Schwachsinnigen, die auf groteske Art die Gesichter verzogen. Es gab Bilder mit Frauen, die so dick waren wie ausgewachsene Elefanten, und Bilder, auf denen Missgeburten oder Muskelmänner zu sehen waren. Und es gab die wunderbaren Aufnahmen der Niagarafälle.

Die Leute waren begeistert von diesen einmaligen, unglaublichen und fantastischen Abbildungen, die der große Frederick Coombs allesamt erschaffen hatte. Und die Leute freuten sich. Sie bestaunten fremde Wesen und Welten und sie bestaunten sich selber auf den Fotografien. Frederick verdiente recht gut.

Leider meinte es das Schicksal nicht gut mit ihm. Gerade, als alles zu seiner vollsten Zufriedenheit lief, er ein finanziell gutes Auskommen und ein richtiges Zuhause gefunden hatte, schlug es erbarmungslos zu. Vielleicht hatte er ein Licht brennen lassen, vielleicht war ein Stückchen Glut unbemerkt aus dem Ofen gefallen. Jedenfalls brannte die Galerie restlos nieder. Übrig blieben nur eine Handvoll Asche und ein paar verkohlte Balken.

Frederick weinte keine Träne, biss die Zähne zusammen und ließ sich nicht unterkriegen. Schon nach kurzer Zeit eröffnete er neu. Doch es war, als ginge es mit dem Teufel zu. Auch sein neuer, schöner Laden fiel bald einem verheerenden Brand zum Opfer. In seiner dritten Galerie, die er in der Montgomery Street betrieb, konnte er acht Monate lang seine Fotografien ausstellen und verkaufen, ehe auch sie in Flammen aufging.

Schließlich und endlich hatte Frederick die Nase voll. Offensichtlich neideten ihm die Leute ihm seinen immensen Erfolg und zündeten ein Fotoatelier nach dem anderen an. Verbittert und traurig verließ er San Francisco.

1858, Absturz

Joshua Norton saß zufrieden auf der blauen Bank vor dem Hotel und wartete auf den Anstieg der Reispreise. Die 40.000 US-Dollar, die ihm sein Vater damals auf den Weg mitgab, hatte er geschickt angelegt. »Gute Geschäfte sind keine Zauberei, man muss bloß eine beliebige Ware für wenig Geld ein- und für viel Geld wieder verkaufen.« Mit dieser einfachen Taktik hatte er mehrere Grundstücke im Umland erstanden und gewinnbringend wieder abgestoßen. Was er einnahm, investierte er sofort in neue Geschäfte. Nachdem er sein Vermögen auf diese Weise langsam aber stetig vermehrt hatte, war er in dieses erstklassige Hotel gezogen. Immerhin war er nun ein gemachter Mann. Da hielt er es nicht für angemessen, weiterhin in der einfachen Pension der ebenso einfachen wie freundlichen Misses Blake zu bleiben. Seit beinahe zehn Jahren lebte er nun schon in San Francisco. Genügend Zeit für einen begabten und geschickten Geschäftsmann, wie er es war, ein beträchtliches Vermögen anzuhäufen. Und bald würde er sich nicht bloß »reich« nennen können, sondern »sehr reich«, wenn nicht sogar »sehr, sehr reich«. Zufrieden griff er in seine Tasche, zog ein paar Geldscheine heraus und zählte sie. »27 Dollar«, stellte er fest. In der Westentasche fand er noch ein paar Münzen. »Ich habe also 27 Dollar und 34 Cent.« Joshua grinste. »Ach ja, außerdem verfüge ich noch über die Kleinigkeit von 91 Tonnen Reis.« Lachend rief er: »Ich besitze bloß ein paar zerknitterte Scheine und wenige Münzen und bin doch der erfolgreichste Geschäftsmann Kaliforniens.«

In China war vor einer Weile eine furchtbare Hungersnot ausgebrochen. Das hatte den chinesischen Kaiser dazu veranlasst, den Export von Reis zu verbieten. Innerhalb kurzer Zeit stieg in Amerika der Handelspreis von 9 auf 79 Cent pro Kilogramm an. Norton war sich sicher: Das war erst der Anfang. In San Francisco und überhaupt in Kalifornien lebten eine Menge Asiaten. Und ihnen allen war Reis das tägliche Brot. Sie werden ihm seine Ware aus den Händen reißen und nahezu jeden Preis zahlen. Als er Wind davon bekommen hatte, dass ein ihm bekannter Reeder eine Lieferung aus Peru erwartete, hatte er nicht lange gefackelt und ihm ohne Umschweife und ohne die Ware gesehen zu haben, die komplette Schiffsladung abgekauft. Er freute sich schon auf das Einlaufen des Schiffes. Die Händler würden Schlange stehen, um Reis zu kaufen und lange Gesichter machen, wenn sie erfuhren, dass er, Norton, ihnen diesen Leckerbissen vor der Nase weggeschnappt hatte.

Gegen Abend kam ein Bote und teilte ihm mit, dass das Schiff eingelaufen war. Er könnte nun die Ware in Empfang nehmen. Prächtig gelaunt griff er seinen Hut und Stock und spazierte tänzelnd und pfeifend zum Hafen. Joshua Norton war ein gemachter Mann. 91 Tonnen weißes Gold! Die komplette Ladung war von vorzüglicher Qualität. Er ließ sie in die eigens dafür angemieteten Lagerräume bringen und bedankte sich bei dem Reeder für das gute Geschäft.

In den frühen Morgenstunden traf ein weiteres Schiff aus Peru ein. Es war bis zum Rand gefüllt mit Reis. Kurz darauf kam noch eins. Und noch eins. Ein Schiff nach dem anderen lief ein und brachte tonnenweise Reis aus Peru. Und das ging in den nächsten Tagen so weiter. Der kalifornische Markt wurde regelrecht überschwemmt, die Preise fielen ins Bodenlose. Aus 91 Tonnen weißem Gold wurde überteuertes Hühnerfutter. Da er die Miete für die Lagerhalle nicht mehr bezahlen konnte, wurde der Reis beschlagnahmt und mit der Mietschuld verrechnet. Zuvor war es Norton gelungen, zwei Säcke Reis abzuzweigen und auf sein Zimmer bringen zu lassen. Es war eine Schande, jetzt musste er schon seinen eigenen Reis stehlen, um keinen Hunger leiden zu müssen. Dass er nicht der einzige Geschäftsmann war, dem diese Reiskrise das wirtschaftliche Genick brach, nutzte ihm nichts.

Nicht nur sein Reis wurde ihm genommen. Alles, was er besaß, wurde gepfändet. Nortons Ruin sprach sich in der ganzen Stadt herum.

Im Hotel wurde er vom Portier freundlich, aber verlegen angesprochen: »Mister Norton, der Herr Direktor lässt Sie höflichst bitten, die noch offenen Rechnungen zu begleichen. Außerdem bedauert die Geschäftsführung es außerordentlich, darauf bestehen zu müssen, dass weitere Kosten im Voraus zu begleichen sind. Das verstehen Sie sicherlich, Mister Norton.«

»Ich verstehe durchaus«, antwortete dieser kühl. »Wenn ich nun aber nicht bereit bin, über diese Respektlosigkeit hinwegzusehen? Wenn ich nicht bereit bin, hier und heute zu zahlen, was dann?«

»In diesem Falle muss ich Sie zu meinem großen Bedauern bitten, das Hotel umgehend zu verlassen.«

»Sie wollen mich auf die Straße setzen? Das ist ja ungeheuerlich! Bloß weil widrige Umstände mir übel mitgespielt haben? Wenn ich mich nun weigere zu gehen? Was passiert dann?«

»Mister Norton, ich führe lediglich meine Anweisungen aus«, seufzte der Portier.

»Und was sind das für Anweisungen? Mit denen Sie mir, einem Ehrenmann, ans Bein pinkeln?«

»Für den Fall, dass Sie weder zahlen noch gehen wollen, soll ich die Polizei einschalten. Was mir ausgesprochen unangenehm wäre.«

Als Norton auf die Straße trat, biss er sich zornig auf die Lippe. Sonst wären ihm womöglich die Tränen gekommen. Oh, grausames Schicksal! Ausgerechnet er, der doch der beste und gerissenste Geschäftsmann von allen war, noch dazu ein Ehrenmann von tadellosem Charakter. Ausgerechnet er, der sich niemals hatte etwas zuschulden kommen lassen, stand nun verachtet im Straßenstaub, ohne zu wissen, wo er sich zur Nacht betten sollte. Mit finsterer Miene schulterte Joshua seine Reissäcke, der einzige Schatz, der ihm geblieben war, und schlurfte durch die Montgomery Street zur Pension der guten Misses Blake, wo er die ersten Jahre in San Francisco verbracht hatte.

Als er an ihrer Tür klopfte, bat sie ihn ins Haus und bot ihm Tee und Gebäck an.

»Wie schön Sie zu sehen, lieber Mister Norton.« Natürlich hatte auch sie von seinem Unglück gehört, war aber so höflich, es nicht anzusprechen.

»Verehrte Misses Blake, ich befinde mich in ein einer äußerst misslichen Lage.«

»Möchten Sie ein Stück Gebäck? Greifen Sie nur zu, lieber Mister Norton.«

»Verehrte Misses Blake, verzeihen Sie mir, dass ich so ungezogen auf meine Bitte zu sprechen komme, aber könnte ich meine alte Kammer wieder beziehen? Und könnten Sie mir die Miete stunden, bis ich mich von der wirtschaftlichen Misere erholt habe?«

Misses Blake seufzte. Da Norton nun nichts mehr sagte, sie bloß mit einem flehenden Blick ansah, antwortete sie schließlich und sah dabei peinlich berührt zu Boden: »Mein lieber Mister Norton, ich bedaure es wirklich sehr, aber ich bin eine arme Witwe und meine finanzielle Situation lässt es nicht zu. Außerdem ist das Zimmer vergeben, ich bedaure es wirklich außerordentlich, mein lieber Mister Norton …«

»Verzeihen Sie, ich hätte Sie nicht mit meinen Problemen behelligen sollen, verehrte Misses Blake. Ich werde Sie nicht weiter belästigen.«

Nach einer kurzen peinlichen Pause verabschiedete sich Norton. Misses Blake brachte ihn zur Tür. Nachdem er sich schon seinen Hut genommen hatte, verriet sie ihm verlegen: »Bei Mister Hunnting gibt es Zimmer für Mittellose. Ich glaube, die Miete wird von der Kirche übernommen. Jedenfalls könnten Sie, mein lieber Mister Norton, dort für den Übergang unterkommen. Und wenn die Geschäfte eines Tages wieder besser laufen …«

Joshua räusperte sich, dankte für den freundlichen Hinweis, für Tee und Gebäck und machte sich auf den Weg zum Gästehaus für Obdachlose. Dort erhielt er ein kleines Zimmer.

Doch Joshua wäre nicht Joshua, wenn er sich nicht weigern würde, diesen ungerechten Schicksalsschlag einfach hinzunehmen. Er wäre nicht der Mann, der er war, wenn er sich winselnd unter dem Bett verkriechen würde, der er nicht einmal sein eigen nennen konnte. Mister Hunnting war so freundlich gewesen, ihm einen Tisch und einen wackligen Stuhl in das kleine Zimmer zu stellen. Außerdem überließ er ihm ein paar Briefbögen samt Tinte. Entschlossen machte sich Joshua daran, seinem Vater einen Brief zu schreiben. Wenn ihm bloß ein bescheidenes Startkapital zur Verfügung stünde, würde er wieder durchstarten können, bloß ein paar Dollar brauchte er, um wieder ganz oben in der Immobilienbranche dabei zu sein. Vater musste ihm aus der Patsche helfen und etwas Geld borgen. Norton tauchte die Feder in das Tintenfass, setzte zu schreiben an und – stockte. Er hatte dem Vater schon seit Jahren nicht mehr geschrieben. Das letzte Mal, Norton musste eine Weile überlegen, um sich daran zu erinnern, das letzte Mal hatte er ihm geschrieben, als er seine ersten erfolgreichen Grundstücksgeschäfte in San Francisco abgeschlossen hatte. Übermütig hatte er davon berichtet, dass ihm nun bald ganz Kalifornien, ganz Amerika zu Füßen liegen würde. Sein Vater hatte sehr freudig auf seinen Brief geantwortet.

Er war stolz auf seinen tüchtigen und erfolgreichen Sohn, er freute sich, von ihm zu hören und bat darum, über all seine weiteren Projekte unterrichtet zu werden. Joshua konnte sich noch immer genau an den Inhalt des väterlichen Briefes erinnern. Und an den riesigen Stolz, der aus den Zeilen strahlte. Er hatte auch vorgehabt, wieder zu schreiben, doch seine Geschäfte hatten ihm jahrelang keine Zeit für persönliche Korrespondenz gelassen. Vater hatte noch ein paar Briefe geschickt. Meistens hatte auch Mutter ein paar Zeilen geschrieben, gefragt, ob er bei guter Gesundheit war und solche Dinge. Doch da Joshua auch in den folgenden Jahren, keine Zeit gefunden hatte zu antworten, war der Kontakt schließlich abgerissen.

Joshua ließ die Feder sinken. Beinahe glaubte er, die Stimme des Vaters zu hören: »Du wagst es, mich anzubetteln? Nach all den Jahren?«

Etwas weinerlich setzte Mutter hinzu: »Junge, wir haben uns solche Sorgen …«

»Aber ich hatte doch so viel zu tun. Vater, du musst das doch verstehen. Das Geschäft geht vor, das hast du doch selbst gesagt. Das Geschäft geht immer vor.«

»Aber wir sind deine Eltern!«, rief Mutter empört.

Vater sagte streng: »Wenn du nicht in der Lage bist, anständig zu wirtschaften, ist es sinnlos, dir auch nur einen Penny zu geben. Ein echter Geschäftsmann bettelt nicht, ein echter Geschäftsmann macht Geschäfte.«

»Mein lieber Junge, wir haben seit Jahren nichts mehr von dir gehört.«

»Ich werde doch unser Kapital nicht einem dermaßen unfähigen …«

Joshua legte seinen Kopf auf das Papier und weinte.

Noch am gleichen Abend besuchte Norton eine billige Hafenkneipe. Da er bereit war, die verbliebenden 27 Dollar und 34 Cent restlos in Alkohol zu investieren, war er bald von einfachen Soldaten des Armeestützpunktes Presidio umgeben. Es wurden frivole Lieder gesungen, alberne Witze gedroschen und trunkene Weisheiten ausgetauscht. Joshua ließ den Wirt ausschenken, bis sein Vermögen vollkommen verbraucht war. Seine neuen kurzzeitigen Freunde verschwanden und der arme Zecher kam im Rinnstein vor der Kneipe wieder zu sich. Es war bereits dunkle Nacht und in seinem Kopf dröhnte es entsetzlich. Ihm war grässlich übel und durch den Nebel waberte die furchtbare Erkenntnis, dass er ruiniert war. Es lohnte sich also gar nicht aufzustehen und weiterzuleben. Wenn Vater ihn jetzt sehen könnte. Ihm würde das Herz zerspringen und er würde sich zu Tode schämen. Joshua versuchte, eine etwas bequemere Lage zu finden und tat sich selber entsetzlich leid. »Wir sind Bankerts, tätärä! Wir sind Bankerts, tätärä!«, sang er leise und wehleidig. Sein Gewimmer wurde von dahingelallten Worten unterbrochen: »Da isja mein Freund, der gute alte … Wie heissu nochmal?«

Joshua schaute auf. »Sammy, bist du es?« Da erblickte er einen Offizier und schloss enttäuscht die Augen. Wenn er doch bloß schon tot wäre. Mit alkoholschwerer Stimme redete der Mann, der nicht Sammy war, weiter. »Du bisn guda Mensch, n so guda Mensch.« Der Soldat kam ihm bekannt vor. Vermutlich hatte er ihn in der Kneipe kennengelernt. »Dubisn wahra Freund, mein

Lieba, hasmir was spendiert. Wieda un imma wieda. Das warn feina Zug von dir, n ganz feina Zug.« Joshua fühlte, wie er zugedeckt wurde. »Dusolls nicherfrieren, du guda Mensch. Hier, ich schenk dir Jacke.« Der Fremde entfernte sich. Mit schwammiger Stimme bat er noch: »Aber sagges nich dem General, sons kommich vors Kriegsgerich.« Joshua kuschelte sich in die Jacke.

»Ich will nich vors Kriegsgerich«, lallte der Soldat, doch das hörte Joshua nicht mehr.

1859, Das amerikanische Kaiserreich

Die nächsten Wochen war Norton damit beschäftigt, niedergeschlagen zu sein. Morgens blieb er lange im Bett liegen, ohne zu wissen, ob und wozu er jemals aufstehen sollte. Gegen Mittag erhob er sich schließlich widerwillig und kochte Reis. Wenn noch etwas vom Vortag da war, so aß er diesen kalt aus dem Topf. Nach dem Essen schlurfte er stundenlang auf und ab. Sein Zimmer verließ er nicht. Sobald es endlich wieder dunkel wurde, bedauerte er, kein Geld zu besitzen, um sich mit billigem Fusel betäuben zu können, und legte sich zur Ruhe.

Beim täglichen Herumschlurfen blieb er gelegentlich vor der Jacke stehen, die er vom Saufgelage mit nach Hause gebracht hatte. Sie hing an einem Nagel neben der Tür. Es war ein schmuckes dunkelblaues Kleidungsstück mit hübschen goldenen Schulterklappen. Wenn er sie zum Trödler bringen würde, könnte er sicherlich ein paar Münzen dafür erhalten. Zögernd nahm er sie vom Haken und zog sie an. Mit den Fingerspitzen strich er behutsam über den weichen Stoff und hatte zum ersten Mal seit dem Bankrott wieder ein gutes Gefühl. Diese Uniform war wirklich ein schönes Stück. Etwas für einen bedeutenden Mann. Norton drückte das Kreuz durch, nahm eine aufrechte Haltung an und blickte in den verstaubten Wandspiegel. Dieses edle Kleidungsstück war wie für ihn geschaffen. Er drehte sich etwas, hob den Kopf und betrachtete sich, ein wenig von oben herab, im Dreiviertelprofil. »Gar nicht übel für einen Bankert«, murmelte er. »Was meinst du, Sammy? So sieht doch ein bedeutender Mann aus, nicht wahr?« Die Jacke saß perfekt und er fand, dass er in ihr würdevoll und vornehm aussah. Wenn er nun noch seine fettigen Haare waschen und sich anständig rasieren würde, könnte er aussehen wie ein König.

»Hörst du sie?«, fragte Sammy plötzlich. »Ich meine die Stimmen. Kannst du sie denn nicht hören?«

»Du bist doch nicht ganz richtig im Kopf, mein Freund, du solltest mal beim Doktor vorsprechen«, antwortete Joshua und sah im Spiegel, wie ihm ein leises Lächeln über das Gesicht huschte. Bedächtig zog er die schöne Jacke aus, ging langsam hinter das Haus und wusch sich in der Regentonne. Anschließend rasierte er sich gründlich. Bloß den Bart am Kinn und über der Oberlippe ließ er stehen und bürstete ihn sorgfältig. Im Haus zog er die Uniformjacke wieder an, streckte den Rücken durch und betrachtete sich im Spiegel. Er sah einen imposanten, ja, königlichen Herrn, einen edlen Herrscher. Da wurde ihm klar: Jetzt war es an der Zeit sich wie ein Phönix aus der Asche zu erheben und der Welt zu zeigen, dass er wieder da war, dass er sich nicht unterkriegen ließ. Er, Joshua Norton, war ein bedeutender Mann! Der ganzen Welt wollte er zeigen, was es hieß, wenn Würde und Edelmut durch die Adern flossen. Erneut betrachtete er den edlen Ritter im Wandspiegel und stutzte. Irgendetwas stimmte nicht an dem Bild, irgendetwas schien ihm falsch daran zu sein. Missmutig runzelte er die Stirn und betrachtete sich von oben bis unten. Da sah er den Fehler und musste laut und herzhaft lachen. Er trug zu seiner majestätischen Jacke eine ungewaschene Unterhose und löchrige Socken.

Immer noch schmunzelnd wusch der Edelmann seine Leibwäsche in der Regentonne und hängte sie zum Trocknen auf die Leine.

Am nächsten Morgen nahm Norton Stock und Hut und verließ recht früh das Haus. Er hatte die Jacke mit den goldenen Schulterklappen angelegt, darunter trug er ein Hemd und eine schlichte Hose. Auf dem Weg zur herzensguten Misses Blake inspizierte er den Zustand der Straße. Stellenweise ließ dieser zu wünschen übrig. Schlaglöcher und Risse waren in unangebracht hoher Zahl zu finden. Darum wollte Norton sich bei Gelegenheit kümmern. Heute hatte er Wichtigeres zu tun.

Als er vor vielen Jahren aus Afrika nach San Francisco gekommen war, hatte er in Misses Blakes Pension ein Zimmer genommen. Die freundliche Dame hatte ihn aufgenommen wie einen Sohn. Dafür war Norton ihr überaus dankbar, doch er kam nicht umhin, sie um eine weitere Gefälligkeit zu bitten.

Misses Blake war hoch erfreut, als der einstige Pensionsgast an die Tür klopfte.

»Mister Norton, wie schön, Sie zu sehen.«

Sie bat ihn in den Salon und lud ihn zu Tee und Gebäck ein. »Ich hoffe, es geht Ihnen gut, lieber Mister Norton.«

»Mir geht es ausgezeichnet. Danke der Nachfrage.«

Bei der zweiten Tasse Tee brachte er sein eigentliches Anliegen zur Sprache: »Verehrte Misses Blake, möglicherweise ist Ihnen mein Äußeres aufgefallen. In diesem Zusammenhang habe ich eine kleine Bitte an Sie.«

Die Dame lächelte freundlich.

»Ich habe vor, mich aus dem Handel zurückzuziehen. Vielmehr möchte ich mich zukünftig eher politisch betätigen.«

»Und da ist es vonnöten, sich sonderbar zu kleiden?«

»Wieso sonderbar?«

»Oh, entschuldigen Sie bitte, lieber Mister Norton, es lag mir fern, Ihnen nahetreten zu wollen.«

»Verehrte Misses Blake, ich bin ja gerade zu Ihnen gekommen, um den Rat einer stilsicheren, modebewussten Dame einzuholen. Nur frei heraus. Was halten Sie von meiner Kleidung?«

»Nun, ich muss schon sagen … sehr hübsch, Mister Norton, sehr hübsch, allerdings …«

»Allerdings?«

»Das ist ein feiner Waffenrock, bloß will das schlichte Beinkleid nicht so recht dazu passen. Der Hose fehlt es an Glanz. Auch Stock und Hut harmonieren nicht zum Fragment einer Uniform.«

»Wissen Sie Abhilfe zu schaffen?«

Nach einem kurzen Zögern sagte Misses Blake: »In meinem Nähkorb befindet sich noch eine goldene Bordüre. Die habe ich von den Vorhängen übrig behalten. Wenn Ihnen damit geholfen wäre?«

Norton musterte die Vorhänge. »Das wäre ja wunderbar!«, rief er freudig aus.

Es war eine etwas anzügliche Situation, als Norton kurze Zeit später in frisch gewaschenen Unterhosen im Salon der ehrenwerten Misses Blake stand und abwartete, während sie den goldenen Schmuck an seine Hose nähte. Mit dem Ergebnis dieser Handarbeit war Norton außerordentlich zufrieden. Er stand vor dem Wandspiegel stramm und bestaunte sein Aussehen.

»Das ist ja wunderbar, ganz wunderbar! Ich danke Ihnen Misses Blake. Was bin ich Ihnen schuldig? Ich werde zahlen, sobald meine desolate finanzielle Situation … denn, wie Sie ja möglicherweise gehört haben …«

»Machen Sie sich darüber keine Gedanken, lieber Mister Norton. Es war mir eine Ehre. Betrachten Sie es als eine kleine Gefälligkeit unter Freunden.«

Norton war gerührt. Misses Blake war wirklich eine herzensgute Dame. Er verabschiedete sich und wollte gehen.

»Da wäre noch eine Kleinigkeit.«

Norton sah sie fragend an.

»Ihr Hut. Er ist zu gewöhnlich im Vergleich zu all dem anderen.«

Norton nahm ihn ab und drehte ihn in den Händen. »Meinen Sie? Was können wir da tun? Haben Sie noch etwas von der Bordüre?«

»Das wäre zu viel Gold. Es könnte geckenhaft wirken.« Nachdenklich fügte sie hinzu: »Vielleicht habe ich etwas anderes für Sie. Ein wenig ausgefallen vielleicht, aber durchaus stilvoll.« Misses Blake verließ den Raum und kam kurz darauf mit einer großen Pfauenfeder zurück. Sie nahm Norton den Hut ab und steckte die Feder daran fest.

»Prächtig, prächtig!« Er war begeistert.

Auf dem Heimweg spürte er, wie die Leute ihm bewundernd hinterherblickten. Darum konnte er sich nun nicht kümmern. Er hatte noch viel vor.

Daheim angekommen legte Norton augenblicklich seine schöne Uniform ab. Er wollte sie nicht durch ein Missgeschick beschmutzen oder beschädigen. Da er bei Misses Blake dem Gebäck reichlich zugesprochen hatte, sparte er sich das Mittagessen und setzte sich an den Tisch, wo er sich eifrig daranmachte, ein Schriftstück aufzusetzen. Nach etlichen Versuchen und zahllosen Änderungen und Korrekturen hatte er eine bedeutungsvolle Erklärung verfasst, mit der er einigermaßen zufrieden war. Über die geistige Arbeit war er doch wieder hungrig geworden, kochte sich eine Portion Reis, den er mittlerweile nicht mehr ausstehen konnte. Nach der kargen Mahlzeit legte er sich erschöpft zur Ruhe.

Es war schon dunkel, als er wieder erwachte. Kurz fragte er sich, ob er all das bloß geträumt hatte. War er wirklich quasi innerhalb weniger Stunden zum bedeutendsten Mann der Vereinigten Staaten geworden? Er konnte es kaum glauben. Norton zog seine schöne Uniform an, setzte sich den prachtvollen Hut mit der Pfauenfeder auf den Kopf und trat vor den Spiegel. Es war deutlich zu sehen: Hier stand kein gescheiterter Geschäftsmann, hier stand ein gewaltiger Staatsmann, ein Monarch!

Zufrieden und stolz setzte er sich an den Tisch und las das von ihm verfasste Schriftstück. Es war perfekt. Diese Angelegenheit war von großer Wichtigkeit und Norton wollte unter gar keinen Umständen warten, bis der Morgen anbrach. Sorgfältig fertigte er mehrere Kopien an, steckte sie in Kuverts und ging hinaus in die Nacht.

Am nächsten Morgen, es war der 17. September 1859, lag eines dieser Schriftstücke bei Dave Carter auf dem Schreibtisch. Mister Carter war der Chefredakteur der Tageszeitung *San Francisco Chronicle.* Er überflog die säuberlichen Zeilen, stutzte kurz und las sie erneut. Seine Mundwinkel zuckten, dann brach er in Gelächter aus und las die Erklärung zum dritten Mal. Die Erklärung war kurz aber eindeutig:

»Die Forderung einer großen Mehrheit der Bürger dieser Vereinigten Staaten vorwegnehmend, ernenne ich, Joshua

Norton, stammend aus Algoa Bay am Kap der Guten Hoffnung und nunmehr seit neun Jahren und zehn Monaten in San Francisco, Kalifornien, lebend, mich selbst zum Kaiser dieser Vereinigten Staaten.«

Unterschrieben war das Dokument: *»Norton I., von Gottes Gnaden, Kaiser der Vereinigten Staaten«.*

»Das bringen wir ganz groß raus!« Carter war begeistert. Er schickte den Laufburschen mit dem Papier in die Druckerei und gab die Anweisung, die heutige Ausgabe unverzüglich zu ändern. Selbst wenn die Zeitung dadurch verspätet erscheinen sollte: Diese Meldung gehörte auf jeden Fall auf das Titelblatt.

In den Redaktionen der anderen örtlichen Zeitungen trug sich Ähnliches zu. Kurz darauf zierte Nortons Selbsternennung zum Kaiser der Vereinigten Staaten die Titelseiten sämtlicher Tageszeitungen der Stadt.

Die meisten Bürger San Franciscos waren durchaus einverstanden mit dem neuen Herrscher. Teilweise war gar regelrechte Begeisterung zu erkennen.

Die Offiziere in Presidio, dem Armeestützpunkt, schlugen sich in der Frühstückspause feixend auf die Schultern.

»Hast du die Zeitung gelesen? Endlich haben wir einen Kaiser.«

»Hab ich gesehen, ist ein starkes Stück, nicht wahr?«

»Norton? Joshua? Das ist doch der komische Knabe, den wir im Wirtshaus getroffen haben.«

»Da kannst du deinen Arsch darauf verwetten, mein Freund.«

»Na, so einen Herrscher lass ich mir gefallen, wenn der immer so großzügig ist wie an dem Abend.«

»Das will ich meinen. Lang lebe der Kaiser!«

Es folgten weitere fröhliche Hochrufe auf Kaiser Norton.

In der Pension von Misses Blake wurde die Sensation etwas ruhiger aufgenommen. Mister Smith, der nun das Zimmer bewohnte, in dem Joshua Norton einst zu Hause war, las kopfschüttelnd die Zeitung und murmelte: »Der Mann muss von Sinnen sein.«

»Reden Sie nicht schlecht von Mister Norton. Das ist ein anständiger Herr, immer freundlich und zuvorkommend, wohlerzogen und charmant. Wenn er zuweilen sonderbare Ideen hat, so bleibt er doch ein Gentleman.«

»Misses Blake, ich hatte nicht die Absicht … Wenn Sie eine gute Meinung von ihm haben, muss er wohl ein Ehrenmann sein, das steht außer Frage. Ich sage ja nur: Es ist ein wenig befremdlich, sich einfach so zum Kaiser von Amerika zu erheben, finden Sie nicht auch?«

»Wie dem auch sei. In der heutigen Zeit fehlt es doch an Edelmut und Aufrichtigkeit. Ich kann mir kaum einen würdigeren Monarchen vorstellen als Mister Norton.«

Der Barbier Mister Fineman galt als humorvoller Mann. Fröhlich prahlte er vor seinen Kunden: »Ich kannte Seine Majestät noch als einfachen Bürger. Seine kaiserliche Hoheit ließ sich hier jede Woche barbieren, als er noch ein gewöhnlicher

Geschäftsmann war.« Und dann lachte Mister Fineman schallend.

Der Reeder, der Norton damals die 91 Tonnen Reis verkauft hatte, saß auf dem Stuhl, das Gesicht eingeseift, und stimmte ihm kichernd zu: »Ja, ich kenne ihn auch. Ein wahrhaftig edler Mensch. Und er hat niemals auf die einfachen Leute herabgesehen.«

So gab es in der ganzen Stadt an diesem Tag nur ein Thema: den Kaiser von Amerika, der neue Herrscher von Gottes Gnaden! Jeder, der Norton vor seiner Selbsternennung schon einmal ansichtig geworden war, erzählte stolz, ihn gut zu kennen. Überall erklangen Hochrufe: »Lang lebe der Kaiser!« Und überall wurde gelacht. Jeder Bürger gelobte dem Kaiser untertänige Treue, wenn auch mit einem spöttischen Grinsen im Gesicht.

Regierungsgeschäfte

Als Kaiser hatte Norton eine ganze Menge zu tun. Beinahe täglich musste er zahllose Entscheidungen treffen und überaus wichtige Erlasse und Befehle verfassen. Um sich die Bürgernähe zu bewahren, gab er seine Order grundsätzlich auch gleich an die Presse weiter. Die Untertanen sollten ruhig mitbekommen, wie sehr er sich ins Zeug legte.

Mit dem ersten Erlass wandte er sich an die Verwaltung seiner geliebten Hauptstadt San Francisco. Bei den allmorgendlichen

Rundgängen war ihm aufgefallen, dass die öffentlichen Straßen sich teilweise in einem beklagenswerten Zustand befanden. Da gab es tiefe Schlaglöcher und überall lag Unrat auf den Wegen. Der Kaiser forderte, nein, er befahl, dass diese Mängel unverzüglich behoben werden sollten. Zunächst wurde diese klare Weisung ignoriert, was den Monarchen verstimmte. Er wiederholte sein Anliegen und die Presse, die ihm offensichtlich treu ergeben war, druckte seine Worte ab. Der *San Francisco Chronicle* kommentierte seine Eingabe gar. *»Muss erst der Kaiser von Amerika die Stadtverwaltung an ihre Verpflichtungen erinnern? Wann wird dem berechtigten Befehl Folge geleistet? Wann werden diese Schäden endlich behoben? Lang lebe der Kaiser!«*

Beim morgendlichen Rundgang erfuhr der Monarch auch von den einfachen Leuten auf der Straße tiefe Dankbarkeit und ehrlichen Zuspruch.

»Genau so sehe ich das auch, Majestät«, sagte ihm ein Bierkutscher, »diese elenden Schlaglöcher müssen weg, keine Frage.«

Der Kaiser nickte dem Manne huldvoll lächelnd zu. Es tat ihm wohl, vom einfachen Volk geliebt und geschätzt zu werden.

Wenige Tage später wurde der Abfall beseitigt und die Schlaglöcher mit Schotter gefüllt.

Selbstverständlich musste der Herrscher sich auch um die ehemalige Regierung kümmern. Jetzt, da Amerika ein Kaiserreich war, war der sogenannte Nationalkongress als gesetzgebende Gewalt vollkommen überflüssig, sogar schädlich geworden. Um unmissverständlich klarzustellen, wer nun über die

Regierungsgewalt verfügte, löste er den Nationalkongress in Washington kurzentschlossen und ohne größere Umstände auf. Die amtliche Erklärung dazu wurde in allen lokalen Zeitungen abgedruckt. Nun konnte sich der Kaiser wieder anderen Dingen zuwenden. Er musste unbedingt Sorge dafür tragen, dass die sozialen Einrichtungen, wie das städtische Waisen- und das Armenhaus über ausreichend finanzielle Mittel verfügten. Nicht zu vergessen: die örtliche Irrenanstalt, in der die ärmsten der Armen auf Hilfe hofften. Auf solche Einrichtungen waren die einfachen Leute angewiesen und er, Kaiser Norton I., war der edlen Ansicht, dass nicht das Volk dem Herrscher, sondern der Herrscher dem Volk zu dienen habe. Also erließ er in seiner Güte, dass diesen Einrichtungen unverzüglich ausreichende Gelder zur Verfügung gestellt werden sollten. Welche Beträge für welche Einrichtung angemessen seien, überließ er den Finanzbeamten. Immerhin konnte er sich ja wohl kaum um jedes Detail sämtlicher Staatsgeschäfte kümmern.

Obwohl der Kaiser die ehemalige Regierung aufgelöst hatte, musste er der Presse entnehmen, dass sich die Herren in Washington weiterhin trafen und sich erdreisteten, Gesetze und Verordnungen zu erlassen, als würde der Kaiser gar nicht existieren. Das war offener Widerstand und kam einer Revolte gleich. Wütend warf Seine Majestät den *Chronicle* zu Boden, setzte sich den Hut mit der Pfauenfeder auf das Haupt und machte sich auf den Weg zu seinem Militärstützpunkt Presidio. Trotz des Fußmarsches war er noch außer sich vor Zorn und bellte den armen

Wachposten am Haupteingang an: »In Washington, der ehemaligen Hauptstadt sind üble Schurken am Werk, ich befehle, die hiesigen Truppen zusammenzuziehen und das ehrlose Pack einzukerkern!«

Der Soldat wusste nicht mit der Situation umzugehen und schickte einen Kameraden, den diensthabenden Offizier zu holen. Dieser wiederum holte seinen Vorgesetzten und der riet dem Kaiser, sich direkt an den Oberbefehlshaber der US-Armee zu wenden, da ein kleiner unbedeutender Militärposten in einer so hochpolitischen Angelegenheit nichts ausrichten könne. Langsam beruhigte sich der Kaiser. Immerhin hatte er es hier mit treuen Staatsdienern und wackeren Soldaten zu tun, die bemüht waren, dem Kaiserreich vorzüglich zu dienen. Er klopfte dem Wachposten wohlwollend die Schulter und fragte den Chef des Militärpostens, den Admiral oder was er nun war: »Und wer ist der Oberbefehlshaber der US-Armee?«

»Das ist der ehrenwerte Generalmajor Winfield Scott.«

»Nun denn, guter Mann, ich werde mich um diese ungeheuerliche Angelegenheit kümmern. Verrichten Sie weiterhin tapfer Ihren Dienst.«

»Lang lebe der Kaiser!«, rief der Oberst zackig und die einfachen Soldaten stimmten mit ein. »Lang lebe der Kaiser!«, riefen sie und: »Hurra!« Von überallher erklangen Hochrufe. Dazu mischte sich Gelächter, welches der Kaiser als pure Lebensfreude zu deuten wusste. Stolz und zufrieden ging er nach Hause. Dort nahm er seine mittägliche Reismahlzeit ein und am gleichen

Nachmittag verfasste er die Weisung an den obersten Befehlshaber der US-Armee: »*Da eine Gruppe von Menschen, die sich selbst der Nationalkongress nennt, in offener Verletzung Unseres kaiserlichen Erlasses vom 12. Oktober letzten Jahres, der den genannten Kongress für aufgelöst erklärt hat, zurzeit in Washington tagt; da es höchst notwendig für das Ansehen unseres Reiches ist, dass diesem Erlass strikt Folge geleistet wird; daher nun geben Wir hiermit Befehl und Anweisung an Generalmajor Winfield Scott, den Oberbefehlshaber unserer Armeen, unverzüglich mit gegebenem Nachdruck die Hallen des Kongresses zu räumen.*«

Wie gewohnt ließ er eine Abschrift der Presse zukommen. Das Original brachte er höchstselbst und persönlich zum Militärstützpunkt Presidio mit der Bitte, diesen an den Herrn Generalmajor weiterzuleiten.

Der Wachposten am Tor versprach, dieser Bitte umgehend nachzukommen.

Finanzpolitik

Jeden Morgen ging Kaiser Norton durch die Montgomery Street, schlenderte anschließend gemächlich zur San Francisco Bay hinunter und schaute für einen Moment der Entspannung über das Wasser. Anschließend spazierte der Kaiser ein Stückchen am Ufer entlang. Eine halbe Stunde später bog er ab und gelangte an das andere Ende der Montgomery Street. Nach dieser langen Runde ruhte er für eine oder zwei Stunden. Am Nachmittag setzte er sich an den Schreibtisch und verfasste diverse kaiserliche Erlasse.

Bei den morgendlichen Inspektionen wurde er von allen Seiten fröhlich und dabei ehrerbietig gegrüßt. Sehr zur Freude des Kaisers waren seine Untertanen stets heiter und gut gelaunt. Sie lachten fröhlich und stupsten sich kichernd gegenseitig an, wenn sie seiner erhabenen Person ansichtig wurden. Die Damen knicksten vor ihm, die Herren zogen die Hüte und beugten ihre Häupter. Manch ein Bürger stand gar stramm und salutierte. Der Kaiser genoss den Respekt und die Zuneigung seines Volkes und dachte manchesmal für sich im Stillen: »Das Volk liebt mich, so soll es sein. Ein wahrer Herrscher von Gottes Gnaden hat es nicht nötig, gefürchtet zu werden. Liebe und Respekt, das ist es, was ich von den Bürgern meines Reiches erwarte.«

So fand der freundliche Kaiser auch immer die Zeit, sich mit den braven Bürgern zu unterhalten. Mal plauderte er mit einem alten Marktweib über ihre Geschäfte, mal ermahnte er den Bierkutscher, die Hinterlassenschaft seiner Kutschpferde von der Straße zu entfernen. In solchen Angelegenheiten war es gar nicht notwendig, auf seine Autorität zu beharren. Ein milder Hinweis genügte und der Kutscher rief freundlich: »Jawohl Herr Kaiser, wird sofort erledigt, Majestät!«, sprang vom Bock und sammelte die Pferdeäpfel ein, während der Herrscher herzhaft in den Apfel biss, den ihm die freundliche Marktfrau zuvor geschenkt hatte.

Der Zustand der öffentlichen Wege war Kaiser Norton außerordentlich wichtig. Stellte er auf seinen Rundgängen Mängel fest, so verfasste er am gleichen Nachmittag ein Schreiben an die Stadtverwaltung mit dem Befehl, diese umgehend beseitigen zu lassen. Inzwischen wurde diesen Weisungen zügig und zuverlässig Folge geleistet.

»Seid gegrüßt, kaiserliche Hoheit.« Mister Martin, ein braver Gastwirt, beugte vor dem Monarchen ehrfürchtig das Haupt. »Wünschen Majestät einen kleinen Morgenimbiss in meinem bescheidenen Hause zu sich zu nehmen? Natürlich wäre es mir eine Ehre, Eure Durchlaucht einzuladen.«

Das ließ sich Norton nicht zweimal sagen. Er nickte wohlwollend und ließ sich zu Tisch führen. Das Wirtshaus *Martin & Horton's* lag in der Montgomery Street ganz in der Nähe der kaiserlichen Residenz. Mister Martin servierte dem Herrscher Rühreier, Toast und kleine scharf gebratene Würstchen. Nach der Mahlzeit bot er ihm einen Cognac an, den lehnte Norton jedoch ab, denn er erinnerte sich nur allzu deutlich an sein unglückliches Saufgelage. Stattdessen bat er um eine Zigarre, die ihm untertänigst gereicht wurde.

Nachdem Seine Majestät vorzüglich gefrühstückt hatte, setzte er die morgendliche Inspektion fort. Ach, was tat das gut, etwas anderes als Reis im Magen zu haben. Zufrieden strich er sich über den Bauch.

Am Tag darauf entdeckte er bei dem morgendlichen Rundgang ein Schild im Fenster von *Martin & Horton's*. Darauf stand in feinster Handschrift: »Im Dienste Seiner Kaiserlichen Majestät, Kaiser Norton I., hochwohlgeborener Herrscher der Vereinigten Staaten von Amerika.«

Der Monarch schmunzelte wohlwollend. Da hat Mister Martin nicht lange damit gewartet aller Welt mitzuteilen, welch hoher Gast in seinem Lokal verkehrte. Dieser Hinweis würde sicherlich neue Kundschaft anlocken. Eine bessere Werbung konnte man sich ja kaum vorstellen, denn immerhin stand nun beinahe jeden Tag etwas über den Kaiser in der örtlichen Presse. Norton ließ sich erneut zum Frühstück einladen.

Während einer seiner täglichen Runden traf er die herzensgute Misses Blake. Er war außerordentlich erfreut, seine ehemalige Pensionswirtin wiederzusehen.

»Verehrte Misses Blake, wie schön, Sie zu treffen.«

Die Dame knickste vor ihm. »Die Ehre ist ganz auf meiner Seite, lieber Mister Norton.«

Großzügig und wohlwollend sah der Kaiser über die unpassende aber freundlich gemeinte Anrede hinweg. »Wie geht es Ihnen, Misses Blake?«

»Ausgezeichnet. Danke der Nachfrage, lieber Mister Norton.«

»Gehen Sie ein paar Schritte mit mir? Ich inspiziere gerade.«

»Wie schön, Mister Norton, wie schön.«

Das ungleiche Paar schlenderte zur San Francisco Bay hinunter. Der Kaiser ließ seinen Blick über das Wasser gleiten und murmelte nachdenklich: »Ich glaube, hier wäre der richtige Ort, um die Brücke zum Festland zu errichten.«

»Ich hörte, Sie sind nun ein berühmter Mann. Da haben Sie sicherlich furchtbar viel zu tun.«

»Fürwahr, ich habe gewisse Verpflichtungen, doch ich will nicht klagen. Ich diene dort, wo der Herrgott mich hingestellt hat. Ich diene Amerika und meinem Volk. Kann es eine schönere Aufgabe geben?«

»Fürwahr, Mister Norton, Sie sind ein Ehrenmann. Da wage ich unbedeutende Frau ja kaum, Sie mit meinen Sorgen zu behelligen.«

Abrupt blieb der Kaiser stehen. »Sie tragen etwas auf dem Herzen? Nur heraus damit, verehrte Misses Blake, ich bin Ihr ergebenster Diener.«

»Es ist mir wirklich unangenehm, lieber Mister Norton.« Sie zögerte verlegen, fuhr dann jedoch fort: »Ich habe finanzielle Probleme. Sie sind ja nun eine berühmte Persönlichkeit. Und da Sie ja sagten, Sie wollten mir etwas geben für meine Arbeit an Ihrer Uniform ... und für die Zierfeder an ihrem Hut ... Kurzum: Ich brauche Geld.«

Norton runzelte seine Stirn. »Verehrte Misses Blake, es schmerzt, Ihnen sagen zu müssen, dass ich über keinerlei finanzielle Mittel verfüge. In der kaiserlichen Schatzkammer befinden sich bloß Spinnweben und Staub.«

»Verzeihen Sie bitte, dass ich Sie mit meinen Sorgen belästigt habe, ich wollte nicht unhöflich sein.«

Misses Blake knickste und wollte peinlich berührt davoneilen.

»Warten Sie«, hielt Norton die Dame auf. »Nicht umsonst bin ich von Gottes Gnaden eingesetzter Monarch und Herrscher über die Vereinigten Staaten. Selbstverständlich habe ich meine Möglichkeiten. Suchen Sie mich morgen um zehn Uhr im Wirtshaus *Martin & Horton's* auf. Dort gedenke ich, mein Frühstück einzunehmen. Es wird mir eine persönliche Freude und Ehre sein, Ihnen bei dieser Gelegenheit eine ansehnliche Geldsumme zu überreichen.«

Misses Blake wurde etwas rot und stammelte verlegen: »Das ist sehr gütig von Ihnen, lieber Mister Norton … ich meine … verehrte kaiserliche Hoheit. Ich werde dort sein und Ihre Hilfe untertänigst und dankbar annehmen.«

Milde lächelnd blickte der Kaiser der guten Frau nach. Was war er doch für ein glücklicher Herrscher. Seine Untertanen waren allesamt edle und freundliche Menschen. Einst hatte ihm diese Dame aus höchster Not geholfen, nun war es an ihm, ihr beizustehen. Zumal die gute Misses Blake ihm so sehr vertraute, dass sie es gewagt hatte, beim mächtigsten Herrscher der modernen Welt vorzusprechen und persönlich um Hilfe zu bitten. Natürlich war er Willens, ihr zu helfen, denn ein guter Monarch sollte doch immer dem Volk dienen und nicht umgekehrt.

Am Abend setzte sich Norton nicht an den Schreibtisch, um diverse kaiserliche Erlasse zu verfassen. Stattdessen fertigte er eine Skizze an. Dabei murmelte er. »Hier von San Francisco aus … rüber zur kleinen Insel, nach Yerba Buena Island … am

Besten als Hängebrücke konstruiert ... da müssen mächtige Pfeiler her, und die Brücke selbst muss von Stahltrossen gehalten werden. Auf der anderen Seite der Insel wird die Brücke dann bis nach Oakland führen.« Der Kaiser seufzte. »Das wird ein riesiges, ein monumentales Bauwerk.« Er betrachtete nachdenklich seine Zeichnung. Er verfasste nun doch einen kaiserlichen Erlass für den Stadtrat von San Francisco. Es sollten die besten und fähigsten Brückenkonstrukteure mit der Planung und dem Bau beauftragt werden, eine Brücke über die San Francisco Bay bis nach Oakland zu errichten. Die Bauarbeiten sollten so bald wie möglich beginnen.

Am darauffolgenden Morgen suchte Misses Blake pünktlich das genannte Gasthaus auf. Der Kaiser war noch nicht dort. Mister Martin bot der Dame einen Platz am Fenster an. Es war ihr etwas unangenehm ohne Begleitung am Vormittag in einem Wirtshaus herumzusitzen wie eine zwielichtige Person, also verriet sie dem Wirt, sie erwarte Mister Norton, den Kaiser persönlich zu einem Gespräch. »Oh, Seine Majestät wird uns beehren, welch eine Freude!«, rief Mister Martin aus und lachte. Anschließend ging er in die Küche und wies den Koch an, das Frühstück für Seine Majestät vorzubereiten. Tatsächlich kamen mehr Gäste ins *Martin & Horton's,* seit er damit warb, dass der Kaiser dort regelmäßig zu frühstücken pflegte. Ein so berühmter Stammgast brachte die Kasse zum Klingeln.

Als Norton das Wirtshaus betrat, wurden ihm wieder Rühreier, Toast und die kleinen scharf gebratenen Würstchen, vorgesetzt, von denen Mister Martin wusste, dass der Monarch diese schätzte. Während der Mahlzeit plauderte der Kaiser höflich mit Misses Blake, die sich nicht traute, den Herrscher daran zu erinnern, was er ihr versprochen hatte. Endlich hatte seine Majestät den letzten Bissen heruntergeschluckt. Er tupfte mit der Serviette die Mundwinkel ab und sagte: »Nun kommen wir zu Ihrem Anliegen, verehrte Misses Blake.« Er wandte sich an Mister Martin: »Herr Wirt, ich gedenke zu zahlen.«

»Majestät, selbstverständlich seid Ihr unser Gast.« In der ganzen Stadt war bekannt, dass Norton keinen Penny besaß.

»Papperlapapp! Räume er das weg und bringe mir Papier, Tinte und Feder.«

Mister Martin tat, was der Kaiser befahl.

»Also, was bin ich Euch schuldig?«

»Wie gesagt, Hoheit, es ist unserem bescheidenen Haus immer eine große Freude und Ehre …«

»Unfug, ich gebe ihnen drei Dollar.« Mit schwungvollem Federstrich schrieb Norton auf das oberste Blatt: »Drei Dollar, persönlich ausgestellt vom Kaiser der Vereinigten Staaten von Amerika.« Der Herrscher unterschrieb das Dokument und überreichte es dem Wirt. »Dieser Schein wird überall als bares Geld anerkannt werden. Wer, wenn nicht der Kaiser höchstpersönlich, sollte befugt sein, echte amerikanische Dollar zu erstellen?«

Nun wandte er sich an Misses Blake: »Und mit welcher Summe darf ich Ihnen aushelfen, meine Verehrte? Ich denke 50 Dollar sollten genügen.«

Er stellte seiner ehemaligen Zimmerwirtin einen 50-Dollar-Schein aus.

Nachdem der Kaiser auf den Geschmack gekommen war, stellte er eigene Banknoten aus, wann immer er welche benötigte. Zwar konnte er im *Martin & Horton's* kostenlos speisen, doch wenn einer seiner Untertanen eine Spende brauchte, oder der Kaiser für eine kleinere Anschaffung mal etwas zahlen wollte, benutzte er gerne das handschriftlich ausgestellte Geld. Und das blieb nicht ohne Folgen.

Der Schmied kratzte sich verwundert die Glatze. Da wollte Joey Watson doch tatsächlich mit einem Zettel bezahlen, den dieser Norton als Zehn-Dollar-Note ausgestellt hatte. »Was soll das, Watson?«, fragte der Schmied. »Ich habe richtige Arbeit geleistet, da will ich auch richtiges Geld sehen.«

»Hey Mann, das ist richtiges Geld. Ist vom Kaiser persönlich.«

»Ich seh, dass es vom Kaiser ist. Aber was soll ich damit?«

»Ist Geld. Jeder nimmt es an.«

Zögernd steckte der Schmied die zehn Dollar ein. Watson war ein guter Kunde. Und wenn wirklich jeder dieses Geld akzeptierte, wieso sollte er sich da quer stellen? Und tatsächlich, als er ein paar Tage später Kohle für die Esse bezahlen wollte, zuckte der Kohlehändler mit keiner Wimper. Er sagte bloß: »Ach, Kaisergeld, wie schön« und steckte den Zehner ein.

Auch Mister Martin hatte kein Problem damit, wenn seine Gäste mit Kaisergeld bezahlten. Sogar Patrick Crowley, der hiesige Polizeikommandant, hatte nichts dagegen, wenn die Leute die Bußgelder für kleinere Vergehen mit dem Geld des Kaisers bezahlten. Natürlich konnte er dieses nicht offiziell annehmen, aber solange es sich bloß um geringe Summen handelte, konnte er die jeweilige Angelegenheit auch dezent unter den Tisch fallen lassen.

In ganz San Francisco wurde das Kaisergeld von den meisten Leuten wohlwollend akzeptiert. Und wer damit bezahlte, bekam nicht bloß die Ware oder Dienstleistung dafür, sondern auch noch ein zufriedenes Lächeln.

Abraham Lincoln

Neben dem Kaiser gab es noch jemanden, der die Regierungsgewalt für sich beanspruchte. Immer wenn Norton Lincolns Namen hörte oder bloß an ihn dachte, krampfte sich ihm der Magen zusammen. Wie konnte dieser Scharlatan bloß so frech sein und Ansprüche auf sein Kaiserreich erheben. Zum Glück dachte Norton nicht oft an diesen verwirrten Menschen. Es gab Wichtigeres, als einen kleinen Mann in Washington, der sich für jemanden hielt, der er nicht war.

Abraham Lincoln saß auf einer grünen Bank im Park und hörte dem Gezwitscher der Vögel zu. Gelegentlich kam er hierher, um allein und ungestört zu sein. Wenigstens am Nachmittag für eine halbe Stunde. Von dem Kaiser hatte er noch nie etwas gehört. Und wenn er von ihm gewusst hätte, hätte er sich wahrscheinlich nicht für ihn interessiert. Lincoln hatte andere, wesentlich gravierendere Sorgen, als einen kleinen Mann in San Francisco, der sich für jemanden hielt, der er nicht war.

Abraham Lincoln saß alleine im Park und dachte über sein Leben nach.

Als er am 12. Februar 1809 in Hardin County zur Welt kam, war dort sicherlich niemand auf den Gedanken gekommen, dass dieses Kind einmal der 16. Präsident der Vereinigten Staaten von Amerika werden würde. Schließlich war er bloß der Sohn eines Farmers. Sein Vater war ein rauer, aber herzensguter Mann gewesen. Als frommer Baptist hatte er schon damals die Sklaverei abgelehnt. »Vor dem Allmächtigen sind wir alle nichts als arme Sünder, mein Sohn. Kein Mann darf einen anderen sein Eigentum nennen.« Die Leute in Hodgenville, dem nächsten Dorf, nannten den Vater einen Schwätzer und Narren, da es doch auf der Hand läge, dass die Schwarzen dazu geschaffen waren, sich auf den Baumwollfeldern zu placken.

»Ein Neger, der keine Baumwolle pflückt, ist wie ein Huhn, das keine Eier legt«, sagten die Leute. »Wozu sollten wir nutzlose Fresser durchfüttern?«

Doch Abes Vater blieb dabei: »Kein Mann darf einen anderen sein Eigentum nennen. Das ist nicht im Sinne des Herrn!«

Da konnten die Leute böse gucken oder spotten oder schimpfen. Sein Vater beharrte darauf, dass alle Sklaven freigelassen werden sollten. Freunde machte er nicht mit dieser sturen Haltung. Das ganze Dorf und überhaupt alle in der Umgebung standen gegen die Lincolns. Der kleine Abe war sehr stolz auf seinen unnachgiebigen und starken Vater, der es wagte, sich allein gegen die ganze Welt zu stellen.

Als Abe fünf Jahre alt war, zogen seine Eltern, die Schwester Sarah und der Junge nach Little Pigeon Creek in Indiana. Hier gab es keine Sklaverei, hier durfte kein Mann einen anderen sein Eigentum nennen. Die Familie hätte glücklich werden können. Doch kaum hatten sich die Lincolns eingelebt, bekam die Mutter ein schreckliches Fieber, schloss die Augen und starb. Von einem Tag auf den anderen war sie nicht mehr da. Abe war furchtbar unglücklich. Noch heute fühlte er diese Traurigkeit, wenn er an seine Mutter dachte, obwohl er sich kaum an sie erinnern konnte.

Eine Frau schob einen Kinderwagen an Abraham Lincoln vorbei. Es war schönes Wetter. Da gingen oft Leute im Park spazieren. Manchmal grüßten sie ihn ehrfürchtig, manchmal blickten sie verlegen zur Seite. Wohl um ihn nicht zu stören. Doch er wusste: Sie kannten ihn alle. Immerhin war er der Präsident der Vereinigten Staaten. Doch die Menschen im Park waren höflich. Meistens ließen sie ihn einfach in Ruhe auf seiner grünen Bank sitzen und den Vögeln beim Zwitschern zuhören. Die Frau mit dem Kinderwagen war vorübergegangen. Wo war er noch mit den Gedanken stehengeblieben? Ach ja. Er hatte gerade an seine Mutter gedacht, an die er sich doch kaum erinnern konnte. An eine andere Frau, die er ebenfalls »Mutter« genannt hatte, konnte er sich noch gut erinnern.

Nach zwei langen Jahren, Abe war nun neun Jahre alt, heiratete der Vater erneut. Und das war ein großes Glück für den Jungen. Der kleine Abe liebte seine neue Mutter und sie sorgte dafür, dass der Vater dem Kind widerwillig erlaubte, die Schule zu besuchen. »Der Allmächtige hat dem Jungen eine gute Auffassungsgabe gegeben, da wäre es eine Sünde, ihn nicht Lesen und Schreiben zu lehren«, sagte Mutter. »Es wäre doch schön, wenn das Kind selber die Heilige Schrift lesen könnte.« Schließlich willigte der Vater ein. »Meinetwegen soll er zum Fräulein Lehrerin gehen. Aber nur, wenn ich ihn hier nicht brauche.«

Allzuoft konnte Abe leider nicht in die Schule, denn auf der Farm gab es immer viel zu tun. Doch es reichte, um ein Feuer in ihm zu entfachen. Eine Gier nach Bildung und Wissen. Von nun an ließ er kein Buch ungelesen, das er in die Finger bekam. Nächtelang saß er in der kleinen Küche und las. Der Vater schimpfte manchmal über die Verschwendung des Lampenöls. »Petroleum wächst nicht auf den Bäumen. Jeder Tropfen kostet echtes Geld!« Doch er ließ ihn gewähren. Abe vermutete, dass auch hier die Mutter ein gutes Wort für ihn eingelegt hatte. Immerhin besorgte sie ihm ohne Unterlass neue Bücher, die sie sich beim

Pfarrer und bei der Lehrerin borgte. Und Abe las sie alle. Er las die King-James-Bibel, Shakespeare, Homer und Daniel Defoe. Da blieb es natürlich nicht aus, dass der junge Lincoln sich immer eleganter und gewählter ausdrückte. Seine Sprache war schon bald nicht mehr die Sprache eines einfachen Farmers. Die Nachbarn aus der ganzen Umgebung holten sich Rat bei ihm, wenn wichtige Briefe formuliert oder amtliche Schreiben aufgesetzt werden mussten. Und da Abe auf diese Weise ein paar Pence einbrachte, respektierte auch der Vater diesen Unfug. Obwohl echte Arbeit in Vaters Augen natürlich viel wichtiger war.

Als Neunzehnjähriger verließ der junge Lincoln endlich das Elternhaus. Und damit auch die verhasste Plackerei auf der Farm. Er hatte als Kaufmannsgehilfe und Landvermesser, als Posthalter, Flößer und schließlich als Jurist gearbeitet. Und heute, Abe lachte kurz auf, heute arbeitete er eben als Präsident.

George Washington

Als Lincoln 1861 zum Präsidenten gewählt worden war, geschah dies mit der vollen Unterstützung aus San Francisco. Die Leute schätzten den neuen Präsidenten, doch sie liebten Joshua Norton I., ihren Kaiser. Bloß einer von ihnen war mit Norton gar nicht einverstanden. Der Fotograf, Wissenschaftler und Erfinder Frederick Coombs konnte kaum fassen, dass dieser dahergelaufene Fatzke sich erdreistete, sich zum Staatsmann aufzuspielen.

Er war erschüttert, als er im *Chronicle* von Nortons Selbsternennung zum Kaiser las. Seitdem musste er andauernd närrische Artikel über den angeblichen Herrscher in der Zeitung ertragen. Das war doch eine Zumutung! Wie konnte dieser Haderlump es wagen? Und wie konnte die Presse sich erdreisten, diesen Ganoven bei seinen erbärmlichen Machenschaften zu unterstützen? Das wollte, das konnte Frederick nicht dulden! Der verrückte Kerl durfte nicht einfach daherkommen und behaupten, er sei der Kaiser von Amerika. Das war doch wirklich lachhaft! Das war eine Frechheit!

Er, Frederick Coombs war eine wichtige Persönlichkeit, ein kluger, gebildeter Mann, der sich nicht nur in allen Ländern der Welt auskannte, sondern auch über immenses Wissen in verschiedenen Fachgebieten verfügte. Dieser angebliche Kaiser war ein ebenso windiger Ganove wie der Hochstapler Samuel Morse, der ihm seinen Telegrafen gestohlen hatte. Und ein ebenso dreister Lügner!

Vor ungefähr zwei Jahren war Frederick es leid gewesen herumzureisen und den Leuten seinen reichen Wissensschatz auf schlechtbezahlten Vorträgen zu präsentieren. Er war es leid gewesen, die Perlen seiner Weisheit den hinterwäldlerischen Säuen vorzuwerfen. Er war nach San Francisco zurückgekehrt und hatte ein neues Fotoatelier eröffnet. Dort hatte er seine unglaublich brillanten Bilder ausgestellt und den braven Bürgern seine Dienste als Fotograf angeboten. Bald jedoch beschlich ihn die Gewissheit, er sei für andere, größere Aufgaben geboren.

Sicher, es gab weit und breit keinen Fotografen, der ihm auch nur annähernd das Wasser reichen konnte – dennoch, an ihm nagte die Gewissheit, seine außerordentlichen Talente und seine wertvolle Zeit zu vergeuden. Da schmerzte es doch sehr, dass skrupellose Neider ihm wieder ein Geschäft nach dem anderen anzündeten. Offensichtlich aus reiner Bosheit und Missgunst. Er war ein ungewöhnlich großer Geist, das ließ sich nicht leugnen. Und gerade als dieser ungewöhnlich große Geist zerschmettert am Boden lag und seine Wunden leckte, musste er an einem rabenschwarzen Tag im *San Francisco Chronicle* lesen, dass sich ein gewisser Norton I. zum Kaiser von Amerika aufspielte. Das war natürlich lachhaft. Und unverschämt! Es gab nur einen legitimen Regierungschef, und das war und blieb George Washington. Der Vater dieser wunderbaren Nation. Weder, dass dieser große Mann bereits vor 60 Jahren zu Grabe getragen worden war, noch dass neuerdings ein gewisser Abraham Lincoln als Präsident agierte, spielte für Coombs in diesem Zusammenhang irgendeine Rolle. George Washington war und blieb der Größte. So wie er, so wie Frederick Coombs. Er war mehr als bloß ein grandioser Erfinder und begnadeter Künstler, er war ein genialer Geist, der über allem Anderen schwebte. Tag für Tag wuchs in ihm die Gewissheit, eine große Persönlichkeit zu sein. Immer deutlicher spürte er eine geheimnisvolle Erhabenheit in seiner Seele. Eines Morgens, vermutlich war es ein Freitag, wachte er auf und wusste, dieser große Geist in seiner Seele konnte nur daher rühren, dass er schon einmal gelebt hatte. Mindestens einmal! Und er war nicht nur wiedergeboren worden, nein, er war ein Mann, der es gewohnt war, das Weltgeschehen zu lenken. Es war unmöglich, dass er in seinem vorherigen Leben etwas Geringeres gewesen sein konnte, als der PRÄSIDENT DER VEREINIGTEN STAATEN VON AMERIKA, denn immerhin war er es, der diese Vereinigten Staaten gegründet hatte. Er war George Washington! Dessen war er sicher. So war es also kein Wunder gewesen, dass es ihn bis ins Mark erschütterte und schockierte, als er in der örtlichen Presse von Nortons Selbsternennung zum Kaiser lesen musste. Das wollte, das konnte er nicht dulden. Immerhin war er die Reinkarnation George Washingtons. Er war George Washington II., basta! Es langte ihm schon, dass sich Lincoln zum Herrscher aufspielte, da brauchte nicht auch noch der verrückte Norton daherzukommen und behaupten, er sei Kaiser. Das war einfach unverschämt! Diesem Manne musste er die Stirn bieten! Das war seine heilige Pflicht als Präsident der Vereinigten Staaten von Amerika.

Kurz darauf verfasste Frederick George Washington II. ein Schreiben für die Presse, in dem er unmissverständlich mitteilte, wer er war, und was er zukünftig vom Volk erwartete. Nämlich die Loyalität und Treue, die ihm als legitim gewählten Präsident zustand.

Presse

An einem sonnigen Nachmittag im April saß Abraham Lincoln auf der grünen Bank im Park und machte sich Sorgen. Er war nicht bloß ein kleiner Mann in Washington, sondern der Präsident der Vereinigten Staaten von Amerika. Vater wäre sicherlich stolz auf ihn gewesen. Dieses Staatengebilde zu führen, war eine große, eine schwierige Aufgabe. Zumal ein tiefer Riss zwischen Nord und Süd verlief. Ein Riss, der sich nicht mit guten Worten und frommen Sprüchen kitten ließ. In der Sklavenfrage war keine Lösung in Sicht, so hatte es weder Lincoln noch sonst jemanden besonders verwundert, dass immer mehr Nordstaaten die Union verließen und sich zu einem Bündnis der Aufwiegler und Rebellen, der Konföderation, zusammenschlossen. Es war furchtbar. Das hoffnungsvoll in Liebe und Kraft vereinte Amerika, wie es sich die Gründerväter erträumt hatten, rann ihm durch die Finger. Er verlor allmählich die Kontrolle. Die noch junge Nation raste unruhigen, möglicherweise blutigen Zeiten entgegen. Ratlos und sorgenschwer erhob sich der Präsident und machte sich auf den Heimweg.

Am nächsten Morgen erreichte ihn die Nachricht, dass die Konföderierten das Fort Sumter in South Carolina mit Waffengewalt eingenommen hatten. Damit war der befürchtete Krieg zwischen Nord und Süd ausgebrochen. Eine Katastrophe, die schon lange unter der Oberfläche geschwelt hatte und den Präsident doch entsetzte.

Norton und Coombs ignorierten diesen Konflikt. Das konnten sie, denn die eigentlichen Kriegshandlungen fanden viele Meilen weiter östlich statt, weit hinter dem mächtigen Schutzwall der Rocky Mountains. In San Francisco las man davon höchstens in der Zeitung. Coombs war noch mit dem Unabhängigkeitskrieg von 1775 beschäftigt und Norton mit anderen Dingen. Er blätterte in der Zeitung. Mister Carter, der Chefredakteur vom *San Francisco Chronicle*, war so freundlich gewesen, sie ihm zu überlassen, damit er das Interview lesen konnte. Mister Carter hatte ehrfürchtig vorgesprochen, um ihm ein paar Fragen zu stellen. Der Monarch hatte sich dies gerne gefallen lassen, zumal der *Chronicle* stets wohlwollend und respektvoll über den Staatsmann und seine Arbeit berichtete. Mister Carter hatte sogar einen Fotografen mitgebracht, der ihn in seiner stattlichen Uniform abgelichtet hatte. Es wurde eine hervorragende Aufnahme. Zu seiner wunderbaren Uniform trug Norton den Hut mit der prächtigen Pfauenfeder. Das Bild ließ seine kaiserliche Würde und seinen herrschaftlichen Stolz voll zur Geltung kommen. Unter der Fotografie war das Interview abgedruckt.

»Majestät, Norton I., Kaiser von Amerika, erlaubt mir zunächst, mich bei Euch zu bedanken, dass Ihr bereit seid, mir, Eurem treuen Diener, einige Fragen zu beantworten.«

»Sehr gerne, seit einiger Zeit folge ich den Artikeln im *Chronicle* mit Wohlwollen.«

»Das freut und ehrt mich natürlich außerordentlich, Majestät. Darf ich beginnen?«

»Nur zu.«

»Majestät, Ihr habt Euch vor nunmehr drei Jahren, am 17. September 1859, zum Kaiser der Vereinigten Staaten von Amerika ernannt. Was hat Eure Hoheit dazu bewogen?«

»Vergessen Sie nicht, dass ich darüber hinaus der Schutzherr von Mexiko bin, ein Titel, der mich nicht minder mit Stolz erfüllt. Um jedoch auf Ihre Frage zu antworten, möchte ich sagen, dass die Zeit einfach reif für eine neue Epoche war. Hätte ich nicht nach der Staatsmacht gegriffen, hätte mich das Volk auf den Thron erhoben. Im Namen Gottes.«

»Wie könnt Ihr Euch da sicher sein?«

»Ein wenig keck, der Herr Reporter, beinahe schon etwas zu keck. Das gefällt mir. Ich kann Ihnen versichern, dass ein wahrer Herrscher im Herzen spürt, wann die Zeit für welche Maßnahme reif ist. Aus diesem Grunde bin *ich* ja der Kaiser und nicht Sie.«

»Sehr wohl, Majestät. Das Volk verehrt Euch, fast möchte ich sagen: Es *liebt* Euch. Wie erklärt Ihr das?«

»Es liegt auf der Hand. Ich liebe mein Volk, also liebt es mich auch. Nach diesem einfachen Prinzip funktioniert nahezu jede gute Monarchie. Nur ein Herrscher, der sein Volk fürchtet, muss es dazu bringen, ihn zu fürchten. Ein Herrscher, der sein Volk hasst, den wird das Volk hassen. Ich aber liebe mein Volk wie Kinder von meinem eigenen Fleisch und Blut. Das Volk liebt mich wie einen gütigen Vater. Dafür bin ich sehr dankbar.«

»Und das Volk ist Euch dankbar, Majestät.«

»Fürwahr, da werden Sie wohl recht haben.«

»Majestät, Ihr habt in Weisheit und Güte den Nationalkongress aufgelöst. Könnt Ihr unseren Leserinnen und Lesern dazu etwas verraten.«

»Pah, der sogenannte Nationalkongress ist ein Haufen von Halunken und Verbrechern. Diesen aufzulösen hat nichts mit Weisheit und Güte zu tun, das war blanke Notwendigkeit.«

»Wie zu hören ist, treffen sich diese Personen jedoch weiterhin. Wie gedenkt Ihr, in dieser Angelegenheit zukünftig vorzugehen?«

»Wer gegen einen kaiserlichen Erlass verstößt, verstößt gegen geltendes Recht. Da kann ich leider keine Gnade walten lassen. Ich habe bereits die Armee angewiesen, diese Halunken daran zu hindern, weiterhin ihre subversiven Versammlungen abzuhalten. Notfalls muss auch Gewalt eingesetzt werden.«

»Unseren Lesern ist bekannt, dass Eure Majestät militärische Schritte eingeleitet haben. Ihr ward so freundlich und habt die Weisung dem *San Francisco Chronicle* zum Abdruck zukommen lassen. Dennoch trifft sich der Nationalkongress weiterhin.«

»Wohlan, in der großen Politik geschieht nichts von einem Tag auf den anderen. Sobald die Zeit reif ist, werde ich angemessene Maßnahmen zu ergreifen wissen. Alles, was der brave, einfache Bürger wissen muss, ist die Tatsache, dass der sogenannte Nationalkongress keine Bedeutung mehr hat und über keinerlei Befugnis mehr verfügt, seit ich die Regierungsgeschäfte übernommen habe. Das amerikanische Kaiserreich wird von niemandem regiert als vom amerikanischen Kaiser selbst.«

»Das beruhigt mich ungemein, Majestät, das beruhigt uns alle ungemein.«

»Seien Sie unbesorgt, diese Umstürzler haben keine Bedeutung.«

»Wirklich, Majestät, das ist beruhigend, zumal nicht nur Lincoln Machtansprüche stellt, unberechtigterweise selbstverständlich, aber da gibt es ja noch jemanden …«

»Wen meinen Sie? Wer ist scharf auf meinen Thron?«

»Ich rede von George Washington II.«

»Wer soll das sein?«

»Der zweite Mann neben Lincoln, der sagt, er sei unser Präsident.«

»Nie von so einem gehört. George Washington ist schon seit Jahrzehnten tot. Möge er in Frieden ruhen.«

»Also geht keine Gefahr von ihm aus?«

»Dessen kann sich das amerikanische Volk sicher sein.«

»Hoheit, durchlauchtiger Kaiser, gibt es noch etwas, das Ihr unseren Lesern mitzuteilen wünscht?«

»Ehre, Barmherzigkeit und Gerechtigkeit! Das sind die Werte, auf die es ankommt. Und natürlich auf die Liebe zum Kaiser und seinem Reich, den Vereinigten Staaten von Amerika. Darüber hinaus möchte ich jedem einzelnen meiner Untertanen ermunternd zurufen: Steht füreinander ein, tretet gemeinsam und entschlossen gegen das Unrecht und das Böse ein. Seid nett zu euren Nachbarn und gut zu den Armen.«

»Das Volk kann sich glücklich schätzen, von einem solchen

Menschenfreund geführt zu werden. Wenn Ihr gestattet, Hoheit, möchte ich nun zu einem anderen Thema kommen. Wie kommt es, Majestät, dass Ihr Euch in allen Bereichen der Menschheit so gut auskennt?«

»Fürwahr, in meiner Position ist es unabdingbar, dass ich auf eine vielseitige Bildung zurückgreifen kann. Wie Sie vielleicht wissen, war ich früher geschäftlich überaus erfolgreich. Auch bin ich viel in der Welt herumgekommen. Geboren wurde ich in meinem geliebten Heimatland, im wunderbaren England. Noch heute hege ich einen engen freundschaftlichen Kontakt zur englischen Königin, der verehrungswürdigen Queen Victoria.«

»Sie haben Kontakt zur englischen Queen?«

»Allerdings. Wir stehen uns persönlich sehr nahe und ich berate sie brieflich in nahezu allen politischen Angelegenheiten. Wofür sie mir, mit Verlaub, ausgesprochen dankbar ist.«

Norton I. ließ die Zeitung sinken und lächelte. »Was bin ich doch für ein beeindruckender Staatsmann«, sagte er zu sich selber. »Sogar Queen Victoria ist dankbar für meine weisen Ratschläge.« Erneut vertiefte er sich in die Lektüre. Nachdem er höchst zufrieden den Rest des Interviews gelesen hatte, blätterte er weiter. Wenn er schon ein kostenloses Exemplar einer renommierten Tageszeitung lesen durfte, so wollte er jeden einzelnen Buchstaben genussvoll in sich aufsaugen.

Er stieß auf einen humoristischen Artikel über einen verwirrten Mann, der sich für die Wiedergeburt von George Washington, des ersten Präsidenten der Vereinigten Staaten hielt. Der

Monarch amüsierte sich über diese absurde Glosse. Wie konnte jemand bloß so irre sein und sich solchen Unfug einbilden? Das war wirklich zum Brüllen komisch.

Des Weiteren stieß der Kaiser auf mehrere Anzeigen verschiedener Lokalitäten, die damit Werbung betrieben, dass er, Norton I., bei ihnen gelegentlich einkehrte. Diese Annoncen waren mit dem Hinweis überschrieben: »Im Dienste Seiner Kaiserlichen Majestät, Norton I., Kaiser der Vereinigten Staaten von Amerika«.

Nachdenklich ließ der Monarch die Zeitung sinken und sagte zu sich selber: »Ich werde zukünftig darauf achten, meine Besuche in den Lokalitäten so zu verteilen, dass kein Gasthaus benachteiligt wird.« Außerdem beschloss er, seine verbliebenen Reisvorräte an das örtliche Waisenhaus zu spenden. Er sollte besser außerhäusig speisen, das war er der ortsansässigen Gastronomie schuldig.

Krieg der Herrscher

Beim morgendlichen Rundgang kam dem Kaiser eine merkwürdig gekleidete Person entgegen. Der Mann trug Kniebundhosen, die unten geschnürt waren. Dazu hatte er ein Hemd mit einem übertrieben üppigen Rüschenkragen angezogen und so eine Art Frack. An den Füßen glänzten weibische Lackschuhe und auf seinem Haupt thronte ein dreieckiger Hut. So eine alberne

Aufmachung war schon seit fünfzig Jahren nicht mehr modern. Als dieser Kauz direkt vor dem Kaiser stehen blieb und keinerlei Anstalten machte, ehrfürchtig zur Seite zu treten, bemerkte der Monarch, dass dieser Mensch seine Haare offensichtlich weiß gepudert hatte. Oder trug er gar eine Perücke? Der Kaiser betrachtete den Mann und wartete auf einen angemessenen Gruß. Doch dieser blieb aus. Der Sonderling stand einfach finster schweigend im Weg herum. Die beiden verharrten eine Weile unnachgiebig voreinander und niemand bewegte sich auch nur einen Millimeter zur Seite.

»He, Bursche, willst du deinen Herrn nicht grüßen?«, fragte der Kaiser endlich.

Der komische Mann erwiderte frech: »Hier gibt es keinen Herrn außer mir. Ich sehe bloß einen Clown«

»Wer bist du, dass du es wagst, so unverschämt daherzureden?«

»Meinen Namen willst du wissen? Seit wann muss sich ein Staatsmann einem wirren Wicht von der Straße vorstellen? Wohlan, ich will mal freundlich sein.« Er drückte sein Kreuz durch, betupfte sich die Nase mit einem feinen Spitzentaschentuch und verkündete mit stolzgeschwellter Brust: »Ich bin George Washington II., Präsident der Vereinigten Staaten von Amerika.«

Der Kaiser lachte spöttisch. »Du willst ein Präsident sein? Präsident *meines* Kaiserreiches?« Schlagartig verstummte sein Lachen. Mit tiefer Verachtung spuckte er dem Lump vor die

Füße. »Ein Dreck bist du! In meinem Reich gibt es keinen Präsidenten. Sämtliche Regierungsgeschäfte liegen in meiner kaiserlichen Hand. Und nun hinfort mit dir, sonst lasse ich dich abführen.«

Der angebliche George Washington wurde noch bleicher als er ohnehin schon war. »Ich bin eine demokratisch gewählte Autorität. Ich bin das legitime Staatsoberhaupt der amerikanischen Nation! Nun scher du dich hinfort, du Wurm, sonst lasse ich dich von meinen Truppen zerquetschen!«

»Demokratisch gewählt? Da lach ich doch. *Ich* bin von Gottes Gnaden eingesetzter Kaiser, basta!«

George Washington II. entgegnete: »Da würde mich aber doch interessieren, was der Nationalkongress dazu zu sagen hat. Und das Volk.«

»Ha!«, bellte der Kaiser. »Der Nationalkongress ist eine Bande von Verbrechern. Seit ich regiere, haben diese Ganoven keinerlei Relevanz mehr. Und das Volk? Das Volk liebt mich!«

Ein beträchtlicher Teil des erwähnten Volkes hatte sich mittlerweile um die beiden Herrscher versammelt. Angelockt von dem staatsmännischen Gekeife waren sie neugierig zusammengekommen. Auf einigen Gesichtern machte sich ein Grinsen breit, auf anderen ein ungläubiger Ausdruck des Erstaunens. Wie konnte es sein, dass Norton I. und George Washington II. sich auf offener Straße zankten wie zwei ungezogene Lausejungen? Wie konnte es sein, dass der allseits beliebte Kaiser dermaßen angegangen wurde?

»Ich setze zwei Dollar, dass der Präsident den Weg als Erster freigibt«, bot der Bierkutscher den Umstehenden eine Wette an.

»Da setze ich gegen«, schnarrte ein Tischlergeselle. »Ich kenne den Präsidenten, der ist stur wie ein Maulesel.«

»Wenn das bloß gut geht«, sagte ein Herr mit Glatze. »Die neigen beide nicht unbedingt dazu, Kompromisse einzugehen.«

»Vielleicht gibt es eine richtige Keilerei«, fürchtete hoffnungsvoll eine Dame, die ein bisschen aussah wie Victoria, die hochwohlgeborene Queen von England.

»Oder einen weiteren Bürgerkrieg«, feixte ein pickliger Jüngling.

Das Volk von Amerika stand um die beiden Herrscher herum und wartete auf die weitere Entwicklung. Langsam verschwand auch aus dem letzten Gesicht das hämische Grinsen. Nach und nach verstummte das allgemeine Getuschel.

»Sieh dich um«, sprach der Kaiser, »das Volk ist hier, um mir treu beizustehen. Mich lieben sie, dich verachten sie! Hinfort mit dir, du närrischer Tölpel!«

Mit bedrohlicher Ruhe hielt der Präsident dagegen: »Dein Geschwätz interessiert mich nicht. Ich gedenke nun, weiterzugehen. Gib mir den Weg frei!«

Norton I. verschränkte die Arme vor der Brust.

»Hast du nicht gehört? Tritt zur Seite, du Wurm«, befahl der Präsident erneut.

Der Monarch rührte sich nicht.

»*Ich* bin der wiedergeborene George Washington, Präsident der Vereinigten Staaten. *Ich* befehle dir, unverzüglich …«

Ein Lächeln zog über das kaiserliche Gesicht. »Da gibt es doch noch einen, der sich für den Präsidenten hält. Wie ist noch gleich sein Name?« Er tat so, als müsse er nachdenken. »Abraham Lincoln heißt der Kerl. Der sitzt in der angeblichen Hauptstadt und glaubt ebenfalls, mein Reich zu regieren!«, rief der Monarch triumphierend aus.

»Das ist ein Gauner«, kreischte der Mann mit dem dreieckigen Hut. »Ein Spitzbube und ein gottverfluchter Halunke!«

»Da bin ich mit dir einer Meinung, Bursche, aber Lincoln ist wenigstens noch am Leben.« Der Kaiser lachte. »Im Gegensatz zu Washington, der seit 60 Jahren unter der Erde liegt!«

»Wenn ich unter der Erde läge, stände ich nicht hier und heute vor dir!«

»Also ist George Washington *nicht* schon vor Jahrzehnten dahingeschieden? Also täuscht sich die ganze Welt? Das ist grotesk!«

»Natürlich bin ich gestorben! Das weißt doch ein jeder! Bloß wurde ich wiedergeboren.«

»Haha!«, rief der Monarch ohne jede Heiterkeit.

»Eine so schlichte Natur, wie die deine kann es natürlich nicht begreifen, dennoch ist es so. Ich, George Washington, bin in neuer Gestalt auf diese Welt zurückgekehrt, um mein geliebtes amerikanisches Volk zu führen.«

»Das ist ja lachhaft!«

»Das ist nicht lachhaft, das ist die Realität!«

Die beiden Staatsoberhäupter stritten noch eine Weile hin und her, doch nach einer Weile gingen ihnen die Worte aus. Endlich schweigend standen sie unnachgiebig gegenüber und blickten sich böse an. Die kaiserlichen Füße wurden müde, die Beine schwer. Norton I. trat vorsichtig, beinahe unbemerkt einen Schritt zurück. Er wich keinen Millimeter zur Seite, sondern trat einen winzigen halben Schritt zurück. Lediglich um seine Füße ein wenig zu bewegen. Es lag ihm fern, nachzugeben. George Washington tat es ihm zögernd nach. In die entgegensetze Richtung. Dem halben Schritt folgte ein ganzer, dem Ersten ein Zweiter. Und das auf beiden Seiten dieser hart umkämpften Front. Endlich waren die Herrscher so weit voneinander entfernt, dass sie sich umdrehen und ihrer Wege gehen konnten, ohne ihre Ehre zu beschädigen.

Am Nachmittag wollte der Kaiser wie üblich diverse Erlasse verfassen und an die örtliche Presse weiterleiten. Er konnte sich jedoch nicht so recht konzentrieren. Dieser verrückte Mensch vom Morgen spukte in seinem Geiste herum. Wie konnte er sich erdreisten und behaupten, er sei der Präsident seines Volkes? Wie konnte er behaupten, er sei George Washington persönlich? Jener ehrenwerte Staatsmann, der zu seiner Zeit sicherlich das Beste für Amerika gewollt hatte. Doch der war nun tot und zu Staub zerfallen und die Vereinigten Staaten waren dank Gottes Gnaden ein Kaiserreich. SEIN Kaiserreich!

Unruhig stapfte er in dem bescheidenen Raum, der ihm aus Patriotismus und Barmherzigkeit für die Regierungsgeschäfte zur Verfügung gestellt worden war, auf und ab. »Was sagst du dazu, Sammy?«, fragte er wütend seinen Freund, doch der antwortete nicht. »Und deine Stimmen? Sagen die nichts dazu?« Gedämpft grummelte der Kaiser noch eine Weile vor sich hin. Er sollte diesen Scharlatan, der sich George Washington II. nannte, besser nicht mehr beachten. Es lohnte sich nicht, Zeit und Gedanken, an dieser Wanze zu verschwenden. Es gab Wichtigeres zu tun. Er hatte die wunderbare kaiserliche Idee gehabt, eine Brücke über die San Francisco Bay errichten zu lassen und auf diese Weise eine direkte Verbindung zum Festland zu schaffen. In dieser Sache hatte der Stadtrat offensichtlich noch keine weiteren Schritte unternommen. Außerdem musste er sich noch mit der angeblichen Regierung in Washington befassen. Er hatte die Auflösung des Parlaments befohlen. Wie konnten diese Lumpen es wagen, sich weiterhin zu treffen? Sie taten so, als hätten sie trotz seiner kaiserlichen Befehle weiterhin eine offizielle Funktion. Des Weiteren waren ihm wieder einige Schlaglöcher in den Straßen seiner Hauptstadt aufgefallen. Diese mussten umgehend ausgebessert werden.

Norton setzte sich an den Schreibtisch. Zunächst erinnerte er den Stadtrat an seinen Befehl, die Brücke zu errichten. Norton war sich sicher, dass noch Generationen von Amerikanern ihm für dieses Bauwerk dankbar sein würden. Anschließend verfasste er einen weiteren Erlass zur Auflösung der angeblichen Regierung in der angeblichen Hauptstadt Washington. Zum

Abschluss listete er die Schlaglöcher der städtischen Straßen auf, die baldmöglichst beseitigt werden sollten. Es gab viel zu tun für den Kaiser der Vereinigten Staaten von Amerika.

Am nächsten Tag wiederholte sich der Streit in der Montgomery Street. Wieder trafen die beiden Herrscher aufeinander und wieder war keiner von ihnen bereit, nachzugeben. Nachdem sie sich eine Weile beschimpft hatten, gingen sie erneut rückwärts auseinander. Bloß, um am nächsten Morgen wieder aufeinanderzutreffen. So ging es nun Tag für Tag. Sehr zur Freude und Belustigung der Bürger. Immer mehr Schaulustige fanden zu zum täglichen Zank der Giganten ein.

Das Gasthaus *Martin & Horton's* war nicht nur für den Kaiser ein beliebter Ort. Auch die Journalisten San Franciscos trafen sich hier oft und gerne, um Neuigkeiten auszutauschen und den einen oder anderen Drink zu sich zu nehmen. Seit kurzem tauchte ein weiterer Stammgast auf. Der Herr mit weißer Perücke und einem Dreispitz auf dem Kopf bestellte nur selten etwas. Doch der Wirt Mister Martin mochte merkwürdige Typen. So ließ er es zu, dass George Washington II. sein Lokal zum Regierungssitz erhob, regelmäßig seine Landkarten auf den Tischen ausbreitete und militärische Operationen plante*. Gelegentlich spendierte Mister

* Der Präsident beschäftigte sich mit dem Unabhängigkeitskrieg, der viele Jahre zuvor von 1775 bis 1783 zwischen Amerika und Großbritannien wütete. Also schon seit beinahe 100 Jahren vorüber war, was dieser jedoch nicht ahnte.

Martin ihm sogar einen Drink. Natürlich hatte er schon von den Diskrepanzen seiner ungewöhnlichsten Gäste gehört. Nun wartete er mit Spannung darauf, dass die beiden Gockel auch einmal in seinem Lokal aufeinandertrafen. Er hoffte, dass auch ein paar von den Journalisten anwesend sein würden. Inzwischen wurde beinahe täglich über die beiden in der Presse berichtet. Offensichtlich erfreute sich die ganze Stadt an diesen Artikeln, da konnte es nicht schaden, wenn sein Lokal zum Zentrum der Ereignisse wurde.

Eines Tages kam tatsächlich der große Moment. Der Präsident hatte wie üblich zwei Tische mit Landkarten belegt, setzte Markierungen und murmelte: »Wenn ich einen Teil meiner Streitkräfte hier versammelt, dann könnte ich ...« Oder: »Der Feind wird annehmen, dass ich ihn über diese Flanke angehen werde, wenn ich aber ...«

Während Washington II. in seine strategischen Überlegungen vertieft war, betrat Seine Majestät Norton I. den Raum. Er sah den Präsidenten, runzelte die Stirn und grummelte: »Was hat dieser Mensch hier verloren?«

Mister Martin war begeistert.

»Kaiserliche Hoheit«, rief er freudig aus. »Es ist mir eine Ehre, Euch in meinem bescheidenen Hause begrüßen zu dürfen. Wünscht Majestät ein Frühstück? Oder vielleicht eine Zigarre?«

»Ich wünsche zu erfahren, was dieser Usurpator hier verloren hat!«

»Sehr wohl kaiserliche Hoheit.« Mister Martin verbeugte sich unterwürfig. »Wollen Sie das persönlich mit dem Präsidenten klären? Was kann ich kleiner Mann mich in die Staatsgeschäfte hoher Herren einmischen?«

»Hier gibt es nur einen hohen Herrn«, grummelte Norton und trat an den Tisch des Präsidenten. »Bursche, was tust du hier in meinem Refugium?«

Washington sah nur kurz auf, beugte sich dann wieder über seine Karten und murmelte: »Schon wieder dieser lästige Mensch. Ich habe mich um Wichtigeres zu kümmern.«

»Bursche! Sieh zu, dass du verschwindest! Du störst!«

Gerne hätte der Präsident den Kaiser ignoriert, doch zum wiederholten Male als ›Bursche‹ bezeichnet zu werden, das konnte er einfach nicht dulden.

»Du verrückter, vorlauter Wicht! Was erlaubst du dir?« Er schlug mit der flachen Hand auf die Landkarte. »Ich habe hier wichtige, kriegsentscheidende Überlegungen anzustellen. Da kannst du nicht hier hereinplatzen und mich bei der Arbeit stören! Was erlaubst du dir, du jämmerlicher Wurm, du verwirrter Narr! Wie kannst du es wagen?«

Das wiederum konnte Norton nicht auf sich sitzen lassen. »Du nennst mich einen Narren? Dass ich nicht lache!« Wütend setzte er noch hinzu: »Und ich lache aber doch!« Und dann brüllte er regelrecht: »Ha ha!« Und noch einmal: »Ha ha!«

Der Streit verlief wie an den Tagen zuvor. Die beiden beschimpften sich ausdauernd und Mister Martin durfte hoffen, dass sein Gasthaus in der Presse nicht unerwähnt bleiben würde. Da die Herrscher nicht wie auf der Straße einfach rückwärts auseinandergehen konnten, raffte der Präsident schließlich seine Karten zusammen und verließ zornig das *Martin & Horton's*. Dabei betonte er laut zeternd, dass er just in diesem Moment mit seinen strategischen Planungen fertig sei. Sein Aufbruch habe selbstverständlich nicht mit ›dem erbärmlichen Wurm‹ zu tun. Er wäre sowieso gegangen und lasse sich nicht vertreiben.

Norton ging ebenfalls. Ihm war der Appetit vergangen. Vor der offenen Tür wandte er sich an die Menschenansammlung: »Ich befehle, dass diese Person in die Irrenanstalt gebracht wird! Nicht aufgrund der Respektlosigkeit meiner kaiserlichen Person gegenüber verlange ich dieses, sondern aus reiner Barmherzigkeit!« Des Monarchen Kopf war vor Zorn rot angelaufen und die Adern an den Schläfen quollen hervor. »Diesem Manne muss geholfen werden!« Wütend stapfte er davon.

Am nächsten Tag trafen die beiden nicht aufeinander. Der Kaiser hatte morgens spontan entschieden, seinen Gang durch die Stadt auf den Nachmittag und in die frühen Abendstunden zu verlegen. Das hatte selbstverständlich nichts damit zu tun, dass er dem Präsidenten aus dem Weg gehen wollte. Auf seiner Runde inspizierte er wie gewohnt den Zustand der öffentlichen Straßen und Gebäude. Auch fand er Zeit, mit einigen seiner Untertanen freundliche Gespräche zu führen. So sprach er mit dem Bierkutscher, einer Marktfrau und zu seiner großen Freude traf er zufällig die herzensgute Misses Blake. Zu seiner Genugtuung wurde ihm von allen Bürgern versichert, sie stünden mit ganzen Herzen treu hinter Joshua Norton I., ihrem geliebten Herrscher. Etwas anderes hatte er auch nicht erwartet. Der Kaiser wusste, dass das Volk ihn liebte. Und dennoch tat es ihm gut, es von Angesicht zu Angesicht erzählt zu bekommen. Norton fühlte sich leicht und glücklich. Der schreckliche Mensch, der sich einbildete, ein Präsident zu sein, war vergessen. Er war schon auf dem Heimweg, als ein Junge um eine Hausecke geflitzt kam und mit dem Monarchen zusammenstieß. Beide fielen auf würdelose Weise zu Boden. Verärgert erhob sich der Herrscher und klopfte den Straßenstaub von der Uniform. Der Junge rappelte sich ebenfalls auf. Sein Gesicht und die ohnehin nicht sehr saubere Kleidung waren mit rotem Rotz befleckt. Offensichtlich lief Blut aus der Nase des Kindes. »Ist dir das bei unserem Zusammenstoß passiert?«, fragte der Kaiser und zeigte auf die schmierige Bescherung. »Nein, Sir«, antwortete der Junge. »Das waren die da.« Er zeigte auf eine Gruppe von drei Bengeln, die etwas Abseits standen und nun, da auf sie gezeigt wurde, eilig die Flucht ergriffen. »Soso«, sagte Norton, »haben sie dich verhauen?«

»Ja, Sir.«

»Junge, du weißt es wohl nicht, aber ich bin dein Kaiser. Bitte spreche mich mit ›Majestät‹ an. Wenn überhaupt.«

»Ja, Sir.«

Der Kaiser lächelte gütig. Dieser kleine Junge, der offensichtlich asiatischer Abstammung war, erinnerte ihn an irgendwen aus vergangenen Zeiten.

»Wie ist dein Name, mein Sohn?«

»Ich heiße Wu Chonglin. Ich bin der Sohn von Wu Jinhai, dem berühmtesten und besten Koch in ganz China-Town.«

»Soso. Dann werde ich bei Gelegenheit deinen Vater besuchen und mir was Gutes kochen lassen. Und die Gören, die gerade getürmt sind, mochten das Essen deines Vaters nicht, oder wieso haben sie dich verprügelt?«

»Sie mögen keine Chinesen, Sir.«

»Oho, wie kann das sein?«

Er kniete vor dem Jungen nieder, spuckte auf sein altes, nicht ganz sauberes Taschentuch, und wischte dem Jungen damit im Gesicht herum. »So«, sagte er zufrieden, »nun siehst du wieder wie ein anständiger Untertan aus. Und wenn die Burschen dir wieder etwas tun wollen, sag ihnen, dass du unter dem persönlichen Schutz des Kaisers stehst. Wie alle Bürger meines Reiches.«

»Ja, Sir«, sagte der Junge, wischte sich das Gesicht mit seinem Ärmel trocken und flitzte davon.

»Hörst du eigentlich manchmal Stimmen?«, fragte er den Jungen noch, denn ihm war wieder eingefallen, an wen er ihn erinnerte: an Sammy, seinem guten Freund aus glücklichen Kindertagen. Doch natürlich hatte ihn der Junge nicht mehr gehört. Er war verschwunden. Gut gelaunt schlenderte der Kaiser weiter. Allerdings wurde seine frohe Stimmung schlagartig zerschmettert, als er ein Plakat entdeckte. Ein fürchterliches Plakat, auf dem dieser schreckliche Mensch, der angebliche Präsident, in einer kitschigen Pose abgebildet war. In protzigen Lettern prangte dort die Ankündigung:

George Washington II. gibt sich die Ehre.
Der Präsident der Vereinigten Staaten von Amerika lädt ein
zu einem erbaulichen Vortrag zu dem zeitlosen Thema
»Patriotismus und Liebe«

Der Kaiser betrachtete das geschmacklose Plakat mit Abscheu. Wütend stapfte er davon. Nun da er wusste, dass es Plakate diese Art gab, fiel ihm auf, dass an beinahe jeder Hauswand diese schrecklichen Machwerke hingen. Das konnte so doch nicht weitergehen! Dieser Irre musste gestoppt werden! Das war der Kaiser seinem Volk schuldig. Das war er der ganzen Welt schuldig! Mit zornesrotem Kopf und gesenktem Blick eilte Norton nach Hause. Dort angekommen verschwendete er keine Sekunde und setzte sich sogleich an seinen Schreibtisch. Dort verfasste er einen neuerlichen kaiserlichen Erlass, den er noch am gleichen Abend von Hand kopierte und persönlich allen bedeutenden Zeitungen der Hauptstadt zukommen ließ.

Mister Carter vom *San Francisco Chronicle* brach in Gelächter aus. Seit der Kaiser regierte, hatte er jede seiner Verordnungen abgedruckt. Die Leser liebten die kaiserlichen Erlasse. Und da nun auch noch der wiedergeborene George Washington die Presse mit amtlichen Erklärungen und Verordnungen beglückte, war die Auflage der Zeitung deutlich gestiegen. Die Leute konnten es kaum erwarten, Neues vom Kaiser und dem Präsidenten zu lesen.

»Die Lage spitzt sich zu!«, jubelte Mister Carter begeistert. »Nun wollen sich die beiden gegenseitig in das Irrenhaus schicken!« Wenige Minuten zuvor hatte er ein Schreiben von Washington erhalten. Darin forderte der Präsident, den *»unverschämten und zweifelsohne geistig verwirrten Kerl, der sich für einen Kaiser hielt, festzunehmen und in die örtliche Irrenanstalt zu überführen.«*

Carter hatte einen Befehl des Kaisers und einen des Präsidenten vor sich auf dem Schreibtisch zu liegen, jeweils den anderen als Verrückten wegzuschließen. Das würde eine wunderbare Doppelseite abgeben. Jetzt musste er bloß zusehen, dass der *Chronicle* die Sache zuerst brachte, vor allen anderen. Eine Sonderausgabe musste her. Und zwar sofort.

Zu seinem Ärger musste der Kaiser es hinnehmen, dass seinem Befehl nicht Folge geleistet wurde. Der verrückte Mensch, der sich für einen Präsidenten hielt, trieb sich unbehelligt in der Stadt herum. Nun denn, solange der Strolch ihm nicht auf die Füße trat, wollte Norton ihn gewähren lassen. Doch leider unterließ der es nicht, sich ihm in den Weg zu stellen. Häufig wurde der Kaiser durch die Launen dieses verwirrten Mannes daran gehindert, seinen Gang durch die Montgomery Street fortzusetzen. Und wie sollte der Herrscher unter diesen Umständen seine täglichen Inspektionen in der kaiserlichen Hauptstadt durchführen? Hinzu kam, dass der angeblich wiedergeborene George Washington seine fürchterlichen Plakate in ganz San Francisco anbrachte. Auf ihnen warb er für kostenlose Vorträge, die er zu halten gedachte. Vorträge über Patriotismus, Liebe und die amerikanische Art, eine gute Ehe zu führen. Dabei war Norton sich sicher, dass diese Wanze weder von Amerika, noch von Vaterlandsliebe noch von den Damen etwas verstand. Diese Person war ein Stümper, der die kaiserlichen Augen mit seinen Plakaten beleidigte und das ganze amerikanische Volk mit seiner Anwesenheit und seinem dämlichen Geschwafel. Nein, es gab keinen anderen Weg, dieser Tölpel musste verschwinden. Und zwar bald.

Frederick Coombs, der große George Washington II., war erschüttert, dass der jämmerliche Wurm, der sich für einen Kaiser hielt, weiterhin sein Unwesen in der Stadt trieb. Hatte der Präsident nicht angeordnet, dass der Störenfried in die Irrenanstalt gebracht werden sollte, wo er zweifelsohne hingehörte? Und noch immer schlurfte der Clown durch die Straßen. Der Präsident hatte Wichtigeres zu tun, als sich um lästige Narren zu kümmern. Er musste strategische Planungen durchführen, er musste Befehle erteilen und Truppenbewegungen organisieren. Immerhin führte er einen harten Krieg um Amerikas Unabhängigkeit, einen erbitterten Krieg gegen die Briten. Die damit verbundenen Planungen bewältigte er in seiner Militärzentrale, dem einstigen Gasthaus *Martin & Horton's*. Außerdem hatte der Präsident es sich weiterhin zur Aufgabe gemacht, das gemeine Volk fortzubilden. Beinahe täglich bot er gewichtige Vorträge an. Es gab also viel zu tun. Da störte ein verrückter eingebildeter Kaiser bloß. Der Kerl musste verschwinden. Und zwar bald.

Zwei Hunde (Ein kurzes Zwischenspiel)

Ned Knight hatte eine Weile in dem Goldgräbernest Petaluma verbracht. Nun war er froh, endlich wieder in einer richtigen Stadt unter richtigen Leuten zu sein. Er saß in der Kneipe und kraulte einem Neufundländer die Ohren.

»Was ist das denn für eine Sache mit dem Kaiser hier bei euch?«, fragte er den Wirt.

Mister Martin antwortete nicht und fragte stattdessen: »Wo hast du denn den Köter her?«

Ned zuckte mit den Schultern. »Hab ich von einem Digger in Petaluma bekommen. Er hatte Spielschulden bei mir.«

»Und was willst du mit dem Kläffer?«

»Nun, zunächst kraule ich ihm die Ohren.«

Mister Martin lachte.

»Er soll ein guter Rattenfänger sein, hat der Digger gesagt.«

»Soso, also eine wertvolle Bereicherung für unsere Stadt.«

»Allerdings. Wenn du mir einen ausgibst, könnte ich ihn dir leihen. Dann bist du ruckzuck alle Nager los.«

Mister Martin lachte erneut. »Na, wenn du meinst. Lass ihn ruhig hier.« Er füllte Neds Glas.

Der alte Digger hatte nicht gelogen. Der Hund war tatsächlich ein hervorragender Jäger. Nachdem der letzte Gast gegangen war, schloss Mister Martin das Tier im Schankraum ein. Als er am nächsten Morgen öffnete, hatte der Hund sieben Ratten erlegt und fein säuberlich vor der Türschwelle aufgereiht.

Von nun an lieh sich der Gastwirt öfter den schwarzen Neufundländer, der von allen Leuten wohlwollend »Bummer« genannt wurde. Der schien sich zwar in der Kneipe wohlzufühlen, aber allem Anschein nach war ihm die Freiheit lieber. Nachdem er an verschiedene Geschäftsleute verliehen worden war, wo er sich jedes Mal als ein meisterlicher Rattenjäger bewehrte, büxte an einem lauen Sommerabend aus und ging von nun an seine eigenen Wege. Einfangen ließ er sich nicht. Mister Martin lockte ihn gelegentlich mit Würstchen und anderen Leckereien an. Bummer dankte es ihm mit einer beachtlichen Menge an erlegten Ratten, doch einsperren ließ sich der freiheitsliebende Hund nicht wieder. Auch Ned konnte ihn nicht wieder unter Kontrolle bringen. So streunte Bummer frei und unabhängig durch die Gassen von San Francisco. Die Leute schätzten ihn, denn seine Rattenfangquote war wirklich ungewöhnlich hoch. Bald war Mister Martin nicht mehr der Einzige, der Bummer mit Leckereien anlockte, damit er möglichst vielen Nagern das Lebenslicht ausblies. Auch andere Kneipenbesitzer waren dazu übergegangen. So ging es Bummer recht gut und er hätte es eigentlich nicht mehr nötig gehabt, Ratten zu erlegen, denn für sein leibliches Wohl wurde gut gesorgt. Zum Glück schien er eine gewisse Freude an der Jagd zu haben, sonst wäre es zu einer echten Rattenplage gekommen, denn nicht nur Bummer ließ sich mit Würstchen anlocken, sondern auch alle Nager der Umgebung.

Eines Tages beobachtete Mister Martin, wie sich ein paar Köter auf der Straße in die Haare bekamen. Sie kläfften wie irre und bissen aufeinander ein. Eine kleine Promenadenmischung musste gewaltige Beißattacken über sich ergehen lassen. Und dann kam Bummer dazu. Er ließ sein tiefes Knurren ertönen und im nächsten Moment stürzte er sich auf die Kläffer. Schnell ergriffen sie jaulend die Flucht und Bummer, der König der Hunde, stolzierte erhaben zu dem zerbissenen Mischling und leckte ihm die Wunden. In den nächsten Tagen kümmerte sich der Neufundländer rührend um das Opfer. Er teilte mit ihm sein Fressen, wärmte ihn in den Nächten und beschützte ihn vor weiteren Angriffen. Von nun an waren die beiden unzertrennlich.

Mister Martin erzählte Journalisten, die sich häufig in seiner Kneipe aufhielten, von der wundersamen Rettung und von Bummers rührender Fürsorge. Einer der Reporter, der schon häufig lustige Artikel über den Kaiser von Amerika verfasst hatte, gab Bummers neuen Freund den Namen ›Lazarus‹, da dieser, wie sein Namenspatron aus der Bibel, quasi von den Toten auferstanden war. Und er schrieb einen amüsanten Zeitungsbericht über die herrenlosen Hunde.

Dieser und auch die folgenden Artikel über Bummer und Lazarus kamen bei den Lesern und Leserinnen ausgesprochen gut an. Bald waren die ungleichen Hunde in ganz San Francisco beinahe so berühmt und beliebt wie Washington II. und Kaiser Norton.

Die Bürger fütterten die Kläffer durch und erzählten sich immer neue Anekdoten. Beinahe jeder liebte sie.

Als eines Tages ein Betrunkener nach Lazarus trat, eilte Bummer seinem Freund bedrohlich knurrend zur Hilfe. Der Mann ließ sich zunächst kaum beeindrucken. Er zog ein Messer hervor und rief lallend: »Ich stech dich ab, du Dreckskōter!« Augenblicklich wurde er von anderen Zechern umkreist.

»Du wirst die beiden in Ruhe lassen!«

»Hör mal, das sind Bummer und Lazarus!«

»Wenn du ihnen auch nur ein Härchen krümmst, ich schwöre dir ...!«

Dem armen Kerl wurde das Messer abgenommen und eine gehörige Tracht Prügel verabreicht.

Bummer und Lazarus gingen ungerührt ihrer Wege.

Der Krieg der Herrscher geht weiter

Kaiser Joshua Norton I. stand vor dem ungeheuerlichen Plakat und grinste. Er hatte eine Idee. Eine ganz verrückte Idee. Wieso sollte er es nicht einfach tun? Er konnte es und er wollte es. Auf diese Weise würde er wahre Größe zeigen. Er, der gutmütige und friedvolle Herrscher eines Weltreiches, wünschte seinem Volke nahe zu sein. Was konnte für diesen Zweck besser geeignet sein, als die Veranstaltung eines verwirrten Kleingeistes? Er, der Kaiser von Amerika, wollte der Einladung auf dem Plakat folgen. Norton gluckste. Kichernd ging er seines Weges. Noch für den gleichen Abend hatte der eingebildete Präsident zum Vortrag »Die Ehe als patriotische Pflicht« eingeladen. Norton wollte dabei sein. Inkognito. Da konnte er mit eigenen Augen und Ohren sehen und hören, was seine Untertanen von diesem Unfug hielten. Und wie sie den Tölpel auslachten und ausbuhten. Im rechten Augenblick wollte Norton sich dann zu erkennen geben. Und dann würden sie *ihm* zujubeln, dem einzig wahren Herrscher. Seinen Großmut und seine Güte würden sie preisen und den Präsidenten mit Schimpf und Schande überhäufen. Diesen Lumpen würden sie auslachen, verspotten und in der Luft zerreißen! Dieser unsägliche Gockel sollte vor dem Kaiser auf die Knie fallen und um Schutz und Gnade winseln. Er, der erlauchte Kaiser, würde ihm natürlich diesen Schutz gewähren. Er würde das Volk bitten, nicht zu hart über den armen Mann zu urteilen, da er doch ganz offensichtlich an einer schweren Geisteskrankheit litt. Nicht umsonst war Norton I. der Kaiser der Herzen.

Den ganzen Nachmittag über freute der Herrscher sich so sehr auf seinen bevorstehenden Auftritt, dass er sich gar nicht darauf konzentrieren konnte, dringend notwendige Anordnungen und Erlasse zu schreiben. Lieber malte er sich tagträumerisch aus, wie der Präsident sich zum Gespött der Leute machte. Wie sie ihn auslachten und verhöhnten. Und wie er, der Freund aller Schwachen und Unterdrückten ihn vor der geifernden Meute … Halt! Er wollte nicht zu hart über das einfache Volk urteilen. Waren sie doch brave, kaisertreue und herzensgute Menschen. Wer konnte es ihnen verübeln, wenn sie nach einem harten Arbeitstag etwas Spaß und Zerstreuung suchten? Sicherlich wollten sie dem Kranken keinen Schaden zufügen. Ach ja, das einfache Volk war doch manchmal verspielt und unbefangen wie kleine Kinder.

Es fühlte sich merkwürdig an, ohne die stattliche Uniform und ohne seine wunderbare Pfauenfeder am Hut und durch die Montgomery Street zu schlendern. Die Leute bedachten Norton nicht mit ehrfürchtigen Blicken, niemand verbeugte sich vor ihm. Das lag sicherlich daran, dass Norton schäbige Lumpen trug. Außerdem hatte er eine Brille aufgesetzt, die er vor ein paar Tagen auf der Straße gefunden hatte. Die Leute glaubten wohl, er sei irgendwer. Und beinahe fühlte er sich auch so wie ein einfacher Mensch unter vielen. Das war ihm nicht unangenehm. Es war eher etwas befremdlich und ungewohnt. Als Norton an den Platz kam, an dem der angebliche Präsident seinen Vortrag halten wollte, war er überrascht. Es war kaum jemand da. Ein paar junge Burschen lehnten an einer Wand und rauchten. Zwei räudige Straßenköter saßen mit heraushängenden Zungen unter einer Weide und blickten auf den Platz. Diese Hunde kannte Norton. Jeder in San Francisco kannte sie. Das waren Bummer und Lazarus, zwei Herumtreiber, die zu niemandem gehörten. Aus irgendwelchen Gründen, die Norton nicht kannte, waren sie offensichtlich bei der Bevölkerung recht beliebt. Die Streuner wurden mit Futter versorgt und gut behandelt. Sie waren beinahe berühmt. Norton hatte sogar in der Zeitung über diese beiden Hunde gelesen. Ganz offensichtlich waren die Bürger von San Francisco große Tierfreunde.

Nun betrat der eingebildete Präsident den Platz. Er setzte eine Holzkiste ab und stellte sich darauf. Norton konnte sich ein kurzes Auflachen nicht verkneifen. Wie der Gockel sich wieder herausgeputzt hatte! Altmodische Kniebundhosen, ein geckenhafter Rüschenkragen und obenauf diese alberne Perücke mit dem verrückten dreieckigen Hut. Dieser Wahnsinnige machte sich lächerlich. Norton blickte in die Runde. War außer ihm denn niemandem die Lächerlichkeit dieser Person aufgefallen. Die drei Burschen standen unbeteiligt herum und rauchten weiter. Kurz glaubte Norton, einen von ihnen spöttisch grinsen zu sehen. Doch er mochte sich täuschen. Auch, als der Verrückte anfing zu reden, zeigten die Burschen kein Interesse.

»Bürger von San Francisco!«

Der Straßenköter der Bummer genannt wurde, gähnte, leckte sich das Maul mit einer unglaublich großen Zunge und legte sich nieder.

»Ich stehe heute vor Ihnen, um Sie teilhaben zu lassen, teilhaben an meinen wunderbaren Erkenntnissen ...«

Niemand lachte, niemand buhte und ganz offensichtlich hörte auch niemand zu. Der Mann plapperte weiter Unsinn, ohne dass irgendwer ihn beachtete. Was war der Präsident doch für eine traurige Person. Norton drehte sich um und machte sich auf den Heimweg. Er durfte keine Zeit verlieren. Diesem Ärmsten musste geholfen werden. Und zwar rasch. Dieser Mensch brauchte keinen Spott und keine Buhrufe, dieser Mensch brauchte dringend ärztlichen Beistand.

Daheim verfasste Norton sofort ein kaiserliches Schreiben. Er befahl dem Polizeichef, den eingebildeten Präsidenten unverzüglich, notfalls unter Anwendung von Gewalt, in die Irrenanstalt zu bringen. Sollte der Anordnung nicht umgehend Folge geleistet werden, sehe der Kaiser sich bedauerlicherweise gezwungen, den Polizeichef seines Amtes zu entheben.

Doch der Befehl wurde ignoriert. Da der Polizeichef ansonsten ein kaisertreuer Beamter und braver Untertan war, sah der Kaiser jedoch von der angedrohten Amtsenthebung ab. Er war schließlich kein Unmensch.

Da also weder der eine noch der andere Herrscher in die Irrenanstalt gebracht wurde, tobte der Machtkampf zwischen den beiden weiter. Beinahe täglich trafen sie sich in der Montgomery Street, ohne dass einer von ihnen vor dem anderen auch nur einen Millimeter zurückwich. Der angebliche Präsident hielt weiter seine zahllosen Vorträge. Das sollte Norton nur recht sein, so konnte diese verwirrte Person in der Zeit nichts Schlimmeres anstellen. Der Kaiser führte unbeirrt seine Inspektionen durch, in denen er die Zustände der Straßen und der öffentlichen Gebäude überprüfte. Brauchte er Geld, sei es, um jemandem eine Spende zukommen zu lassen oder um eine offene Rechnung jeglicher Art zu begleichen, stellte er seine handgeschriebenen Dollarnoten aus. Viele Rechnungen brauchte er ohnehin nicht zu zahlen, denn nach wie vor war er in jedem Gasthaus der Stadt ein gerngesehener Gast. Beinahe täglich verfasste er kaiserliche Erlasse und Befehle jeglicher Art. Allerdings befahl er nicht mehr, Lincolns angebliche Regierung aufzulösen. Abraham Lincoln war vermutlich ein ebenso verwirrter aber harmloser Wicht wie dieser Washington. Am besten würde es wohl sein, er ließe beide einfach gewähren. Das amerikanische Volk war klug und treu genug, um mit Sicherheit zu wissen, wem es zu dienen habe.

Auch wenn Norton beiden eingebildeten Präsidenten gegenüber zeitweilig recht milde gestimmt war, wurmte es ihn doch, dass diese Personen seine hoheitliche Autorität mit Füßen traten. Norton war ein Menschenfreund. Er hatte nichts gegen Verwirrte einzuwenden, doch auf Dauer nagte diese Respektlosigkeit an seinem Herzen. An einem Mittwochabend hatte er die rettende Idee. Soeben hatte er einen Erlass verfasst, der es seinen Untertanen untersagte, die Hauptstadt mit der schrecklichen Bezeichnung »Frisco« zu betiteln. Wer es doch tat, sollte 25 Dollar an die kaiserliche Schatzkammer entrichten. Norton versiegelte das Schreiben, lehnte sich zurück und murmelte: »Warum sollte ein weiser und mächtiger Herrscher nicht auch mal jemanden um Rat fragen können?« Schon seit Jahren korrespondierte er mit Majestät Victoria, der hochwohlgeborenen Queen von England. Er stand dieser geschätzten Königin zuverlässig in jeder Krise mit guten Ratschlägen zur Seite. Nun war sie an der Reihe, ihn zu beraten. Frohen Mutes setzte er ein Schreiben auf, frankierte es handschriftlich und trug es zum Postamt. Leise murmelnd beglückwünschte er sich selber zu dieser grandiosen Idee. Die Queen war klug und weise, sie würde schon einen Rat wissen. Er war froh, dass er so mächtig und einflussreich war, dass sogar die Queen von England unverbrüchlich an seiner Seite stand. Kaum konnte er es erwarten, ihre Antwort zu erhalten – doch leider erhielt er keine. Wochenlang wartete er, schließlich mutmaßte er, dass das Schiff mit der königlichen Nachricht einem Sturm zum Opfer gefallen sein musste. »Das wird ein mächtiges Unwetter gewesen sein, wenn es sogar die königlich-kaiserliche Korrespondenz unterbrechen kann. Nun, ich werde auch ohne die Unterstützung des Vereinigten Königreiches diesen Irren loswerden.«

Der Krieg zwischen den Nord- und Südstaaten zog sich ebenso lang hin wie der zwischen den beiden Herrschern in Kalifornien. Die Presse berichtete ausdauernd und gründlich über den Konflikt zwischen dem Kaiser und seinem Kontrahenten. Für gewöhnlich, fand Norton, waren diese Artikel recht sachlich und kaisertreu geschrieben, doch im Februar 1865 ließ ihn ein Artikel den Atem stocken. In dieser Zeitung wurde er mit dem verrückten Washington in einem Atemzug genannt. Dagegen hatte er natürlich nicht grundsätzlich etwas einzuwenden, wenn kein Zweifel daran gelassen wurde, wer der rechtmäßige Herrscher im Reich war. Dieser Artikel stellte die Lage allerdings auf so infame Weise dar, dass es dem Leser so erscheinen musste, als sei ER, Kaiser Joshua Norton I., ebenso verrückt, wie dieser verwirrte Präsidentendarsteller. Das konnte der Herrscher natürlich nicht dulden. Zornig suchte er das Redaktionsbüro der Schundschrift auf, um den Herren dort unmissverständlich klar zu machen, dass er solche Schmähartikel nicht dulden würde. Notfalls war der Monarch sogar willens, eine kaiserliche Zensur einzuführen. Die Herren sollten es sich gut überlegen, ob sie es darauf ankommen lassen wollten und jeden Artikel vor der Veröffentlichung dem Kaiser vorlegen wollten.

Als Norton den Sitz der Zeitung erreichte, drang ihm aus dem Inneren des Gebäudes wütendes Gezeter entgegen. »Eine solche bodenlose Frechheit werde ich nicht dulden!«, kreischte eine ihm bekannte Stimme. »Ich verlange, dass Sie nie wieder meine Person auf eine Stufe mit dem geistig Verwirrten stellen!«

Norton öffnete langsam die Tür. Da der verrückte Präsident mit dem Rücken zu ihm stand, bemerkte der nicht die Ankunft des Kaisers. Der Mann von der Zeitung sah jedoch an Washington vorbei direkt in sein Gesicht. Ein Lächeln, in dem der Kaiser Erleichterung erkennen konnte, strahlte ihn freudig an. »Majestät!«, rief er ebenso überrascht wie glücklich. Norton konnte die Freude des Mannes gut verstehen. Immerhin wurde er von einem Geisteskranken wüst beschimpft und niemand konnte sicher sein, was der falsche Präsident als Nächstes anstellen würde. Es war durchaus möglich, dass er handgreiflich wurde.

»Ich befehle, Ruhe zu geben!«, rief der Kaiser.

Der Präsident drehte sich blitzartig um die eigene Achse und starrte den Herrscher an. »Was will dieser Wicht hier?«, rief er empört. »Sieht er nicht, dass ich mit der Presse rede?«

»Ich habe ›Ruhe‹ befohlen. So schweige er!«

»Ich lasse mir doch nicht von einem dahergelaufenen Narren den Mund verbieten. Du hast mir nichts zu befehlen!«

»Schweig!«, bellte der Kaiser.

»Niemals!«

»Auf der Stelle!«

Der Mensch von der Zeitung stand hilflos daneben. Endlich gelang es ihm einzuwerfen: »Meine Herren, wenn ich Sie in irgendeiner Weise brüskiert haben sollte, möchte ich hiermit in aller Form um Entschuldigung bitten.«

»Nun denn«, lenkte der Kaiser ein, »ich bin kein nachtragender Mensch. Wir alle machen mal Fehler. Wenn sie in Ihrer Zeitung öffentlich ihren Irrtum einräumen, so will ich von weiteren Schritten absehen.«

Der Präsident erklärte sich ebenfalls bereit, Milde walten zu lassen, sofern eine Entschuldigung veröffentlich und er nie wieder mit Norton in einem Artikel erwähnt werde.

Dieser Forderung wurde entsprochen und so ließen die beiden Herrscher die Angelegenheit auf sich beruhen.

Staatsbesuch zum Tee

Misses Blake war aufgeregt wie ein junges Mädchen. Heute wollte der Kaiser persönlich in ihrem Hause erscheinen. Zum Tee. Früher hatte er öfter bei ihr in der guten Stube gesessen und Tee getrunken. Doch das war etwas vollkommen anderes. Damals war er noch nicht so berühmt gewesen. Inzwischen stand beinahe jeden Tag etwas über ihren ehemaligen Pensionsgast in den Zeitungen. Es ließ sich nicht von der Hand weisen, Joshua Norton war ein bedeutender Mann. Und er würde in wenigen Minuten in ihrer Stube Tee trinken und selbstgebackene Kekse knabbern. Sofern er pünktlich erschien. Und das würde er. Mister Norton hatte tadellose Manieren und wusste, was sich gehörte. Nervös rückte sie die Tassen ein wenig hin und her, vor und zurück. Sie hatte extra das Sonntagsservice aufgedeckt. Das mit dem außerordentlich hübschen Blumenmuster. Und sie hatte die Plätzchen gebacken, von denen sie wusste, dass der Kaiser sie besonders schätzte. Mit extra viel Zucker und einem Hauch von Anis. Die mochte er schon gerne, als er noch bei ihr gewohnt hatte. Misses Blake setzte sich, um gleich wieder aufzustehen. Sie ging um die Tafel herum, prüfte jede Tasse und jedes Löffelchen, ob es auch makellos rein war. Als es endlich an der Tür klopfte, erschrak sie. Eilig legte sie das Silberlöffelchen, das sie gerade überprüft hatte, zurück auf das frisch gestärkte Leinentuch und öffnete. Da stand er: Kaiser Norton I. persönlich. Was spielte es schon für eine Rolle, dass er vielleicht gar nicht so ein ganz richtiger Kaiser war. Er war eine große Persönlichkeit. Berühmt und von allen Bürgern hoch verehrt. Hin und wieder lachten wohl auch einige Leute über ihn. Das fand Misses Blake ausgesprochen ungehörig und unangemessen. Norton war kaiserlicher und würdevoller als all die Monarchen der alten Welt. Das wusste sie mit absoluter Sicherheit.

»Lieber Mister Norton«, begrüßte sie ihren Gast, »es ist mir eine Ehre und eine Freude, Sie in meiner bescheidenen Bleibe empfangen zu dürfen.« Sie knickste unbeholfen.

»Verehrte Misses Blake«, antwortete der Kaiser, »die Ehre ist ganz auf meiner Seite.« Er deutete galant einen Handkuss an. »Und die Freude ebenfalls.«

»Kommen Sie doch herein.« Sie öffnete die Tür weit und wies mit einer einladenden Handbewegung zur guten Stube.

»Vielen Dank, verehrte Dame.«

Kurz darauf saßen sie am fein gedeckten Tisch. Der Kaiser lobte die wunderbaren Plätzchen und den hervorragenden Tee.

»Ich habe über Sie in der Zeitung gelesen. Der Artikel war voll des Lobes.«

»Ach ja, die Presse. Sie wissen ja, dass die immer ein wenig übertreibt. Aber die Zeitungsleute haben tatsächlich eine hohe Meinung von meiner Person.«

»Berechtigterweise, lieber Mister Norton. Die Menschen verehren Sie, überall, wo Sie erwähnt werden, geschieht es mit Begeisterung. Seit Sie sich der Sache angenommen haben, werden die Gehsteige der Stadt regelmäßig ausgebessert und, wie ich gehört habe, soll nun auch die Fassade des Rathauses neu gestrichen und das Schulgebäude renoviert werden.«

»Fürwahr, die Stadtverwaltung braucht hin und wieder eine kleine Erinnerung an ihre Rolle in solchen Angelegenheiten. Das ist nicht der Rede wert, ich erfülle bloß meine herrschaftliche Pflicht.«

»Sie speisen nun regelmäßig im Gasthaus, wie ich hörte.«

»Jawohl, bei Mister Martin. Das Essen ist gut und der Wirt ist freundlich. Ich bin froh, dass ich keinen Reis mehr essen muss. Ich hatte noch einen gewissen Vorrat aus den Zeiten meiner Tätigkeit im Reishandel. Nun gehe ich lieber ins Gasthaus.«

Gerne hätte Misses Blake dem Kaiser angeboten, für ihn zu kochen. Doch wie sollte das gehen? Als alleinstehende Witwe konnte sie doch unmöglich regelmäßig Herrenbesuch empfangen. Und dann auch noch einen so berühmten Mann. Die Leute würden reden. Außerdem hatte sie Bedenken, ob sie dem adligen Gaumen in angemessenem Umfang gerecht werden konnte. Sicherheitshalber lenkte sie das Gespräch in eine andere Richtung: »Haben Sie von den beiden Hunden gehört, Mister Norton? Von den armen heimatlosen Tieren, die durch die Stadt strolchen?«

»Von Bummer und Lazarus? Gewiss. Ich treffe sie regelmäßig auf meinen Rundgängen. Um die brauchen Sie sich keine Sorgen zu machen, meine verehrte Dame. Denen geht es gut. Ich bin nicht der Einzige, der ihnen hin und wieder etwas zusteckt.« Er lachte. »Fast befürchte ich, dass die beiden allmählich etwas zu fett werden.«

»Dass der städtische Hundefänger sie noch nicht erwischt hat, ist erstaunlich, nicht wahr?«

»Tatsächlich wurde Lazarus, der kleinere der Zwei, vor kurzem eingefangen. Der Hundefänger war neu in der Stadt und hat nur seine Pflicht getan. Selbstverständlich habe ich gleich die Freilassung des braven Tieres veranlasst und angeordnet, dass zukünftig die beiden Hunde nicht mehr behelligt werden. Sie stehen nun sozusagen unter kaiserlichem Schutz.«

»Das ist ja wunderbar, da zeigt es sich wieder, ihr großes und gütiges Herz.«

Zufrieden nahm der Kaiser einen weiteren Keks.

»Ihr Gebäck, verehrte Misses Blake, ist wunderbar, wirklich ganz wunderbar.«

»Und wie denken Sie über diesen Washington, über den alle Leute reden?« Sofort bereute Misses Blake diese törichte Frage. Jedes Lächeln war aus dem Gesicht des Kaisers gewichen. Er wurde bleich und wirkte wie versteinert.

»Sie meinen wen?«, fragte er kühl.

Misses Blake antwortete nicht gleich. Verlegen betrachtete sie ihre Hände, die sie in den Schoß gelegt hatte.

»Sie meinen diesen angeblichen Präsidenten? Diese angebliche Wiedergeburt Washingtons?«

Misses Blake massierte ihren Handballen.

»Wieso sprechen Sie mich auf ihn an?«, fragte Norton brummelig. »Bin ich ein Irrenarzt?«

»Nein, gewiss nicht«, murmelte Misses Blake schüchtern. »Bitte entschuldigen Sie, lieber Mister Norton. Es war eine törichte Frage.«

»Aber, aber!«, rief der Kaiser. »Meine verehrte Misses Blake!« Er lächelte bemüht und sehr gefasst. »Wenn Sie meine Ansicht zu diesem erbärmlichen Menschen wissen wollen, dürfen Sie mich selbstverständlich danach fragen. Bei Ihnen kann ich mir ja gewiss sein, dass keine böse Absicht dahintersteckt.«

Er nahm einen Schluck Tee, stellte die Tasse zurück und atmete tief durch.

»Diese Person, die sich für einen Staatsmann ausgibt, ist in meinen Augen ein niederträchtiger Betrüger. Oder ein Verrückter. Zu meinem allergrößten Bedauern steht er mit seinem Irrsinn nicht alleine da. Jemand, der sich Lincoln nennt, behauptet ebenfalls, Rechtsansprüche auf meinen Thron zu haben.«

Das Lächeln war wieder verschwunden und Misses Blake konnte ihrem Kaiser ansehen, wie sehr er darum kämpfte, die Würde zu bewahren.

»Zwei ganz schlimme Menschen sind das, sage ich Ihnen, zwei ganz schlimme Menschen!«

»Gewiss, Majestät, gewiss.« Misses Blake griff nach der Kanne. »Mögen Sie noch ein Tässchen Tee?«

Der Kaiser antwortete nicht. Saß nur da und stierte ins Leere. »Zwei ganz schlimme Menschen«, wiederholte er.

Misses Blake hätte weinen können. Wieso hatte sie bloß diese dämliche Frage gestellt? Es hätte ihr doch klar sein müssen, dass sie ihren hohen Gast auf diese Weise kränken musste. Dieser Washington hatte bei Weitem nicht die Ausstrahlung und das staatsmännische Format, das den lieben Mister Norton ausmachte. Wie hatte sie das Gespräch auf diese unangenehme Person lenken und die ganze schöne Stimmung kaputtmachen können?

»Majestät, wünschen Sie eine weitere Tasse Tee?«, fragte sie erneut.

Der Kaiser nickte. »Sehr gerne, verehrte Misses Blake.« Er hielt ihr die Tasse hin. »Entschuldigen Sie bitte meine unangemessene Reaktion auf Ihre sachliche und berechtigte Frage. Es ist nur so, dass ich nicht gerne über diesen Menschen rede. Seine bloße Existenz ist eine Beleidigung meiner kaiserlichen Würde. Ich hoffe, Sie verstehen das.«

»Aber selbstverständlich, lieber Mister Norton. Es war dumm von mir, sie zu stellen. Ich muss um Verzeihung bitten.«

»Aber nein, ICH bitte um Verzeihung. Ich hätte mich beherrschen sollen.«

Kurze Zeit später verabschiedete sich der Kaiser und ging. Es blieb kein Groll zwischen ihnen stehen, lediglich die Erinnerung an einen missglückten Staatsbesuch zum Tee. Wenn die beiden sich nun zufällig auf der Straße trafen, plauderten sie wieder freundlich miteinander. Über Washington oder Lincoln redeten sie allerdings nie wieder. Und Misses Blake lud den Kaiser nie wieder zum Tee ein.

Der Präsident ist tot! – Es lebe der Kaiser!

Am Karfreitag 1865 hatte Abe glänzende Laune. Große Truppenteile der konföderierten Armee hatten kapituliert. Nun war der blutige Krieg so gut wie gewonnen. Es war nur noch eine Frage von wenigen Tagen, bis der letzte Rebell reumütig seine Waffen niederlegen und in den Schoß der großen amerikanischen Familie heimkehren, bis der letzte Sklave das Licht der Freiheit erblicken und Nord und Süd wieder zu einer starken Einheit verschmelzen würde. Auf dem Weg nach Hause tat Abe etwas, das er sich schon lange nicht mehr erlaubt hatte: Er pfiff ein Liedchen. Natürlich war ihm klar, dass sich nicht von heute auf morgen alle Probleme fortwischen ließen. Es bestand durchaus die Gefahr, dass die befreiten Sklaven Rache an den Farmern nehmen würden. Möglicherweise weigerten sich einige Südstaatendickschädel noch eine Weile, die Niederlage zu akzeptieren, und doch war es eine Tatsache, dass der Krieg vorbei war. Der Frieden und die Einheit stand bereits vor dem Tore und das, so fand der Präsident, sei doch wohl Grund genug, ein fröhliches Liedchen zu pfeifen.

Am Abend führte Abe seine Frau ins *Ford's Theatre* aus. Das hatte Mary sich schon so lange gewünscht. Es sollte eine Komödie von Tom Taylor aufgeführt werden. Als die Lincolns die Loge betraten, wurden sie jubelnd vom Publikum begrüßt. Die Leute standen auf, warfen ihre Hüte in die Luft und riefen: »Hurra!« Der Präsident verbeugte sich und winkte lächelnd. Nachdem die

Menge sich beruhigt hatte, begann die Aufführung. Es war ein lustiges Stück. Mary kicherte einige Male hinter vorgehaltener Hand. So mochte er seine Frau am liebsten. So fröhlich und unbeschwert. In letzter Zeit hatte er sich zu wenig um seine Familie gekümmert. Doch nun war der Krieg vorbei, nun konnte er sich wieder seiner Frau zuwenden. Und den Söhnen Robert und Thomas. Er lächelte Mary an, was sie nicht bemerkte. Ein wohliges, warmes Gefühl machte sich in seiner Brust breit. Den Schuss aus der Deringer hörte er nicht. Auch fühlte er keinen Schmerz, als die Patrone von hinten in seinen Schädel drang.

Der beliebte und bekannte Schauspieler John Booth, der soeben den Präsidenten niedergeschossen hatte, schwang sich tollkühn von der Präsidentenloge auf die Bühne und rief: »Sic semper tyrannis«, was sich in etwa mit »Tod den Tyrannen!« übersetzen ließe. Unglücklicherweise verfing er sich bei dieser Akrobatik mit seinen Sporen in der amerikanischen Flagge und stürzte. Als er sich in der Fahne verhedderte und diesen ulkigen Ausruf über Tyrannen tat, lachten einige Leute im Publikum. Sie glaubten, diese Slapstickeinlage gehöre zur Aufführung. Immerhin war Booth als Schauspieler des *Ford's Theatre* dem Publikum wohl bekannt. Offensichtlich hatte er sich verletzt. Vielleicht schauspielerte er auch bloß einen Beinbruch, jedenfalls humpelte er von der Bühne auf den Hinterhof und floh zu Pferd.

Wenige Stunden später starb Abraham Lincoln, ohne zuvor aus der Bewusstlosigkeit zu erwachen.

Im Sezessionskrieg (1861 bis 1865) kamen um die 750.000 Soldaten und zahllose Zivilisten, Männer, Frauen und Kinder ums Leben. Die meisten Kampfhandlungen fanden im Süden statt, vermutlich konnte der sogenannte Bürgerkrieg deswegen an Norton unbeachtet und unbemerkt vorüberziehen. Im Wesentlichen endete diese blutige Geschichte im April 1865, wenn sich auch noch einzelne Kampfhandlungen bis zum Juni des Jahres dahinzogen.

An einem schönen Morgen im Mai erwachte Präsident Washington II. mit starken Kopfschmerzen. Er hatte miserabel geschlafen und litt bereits an Schwermut, bevor er die Augen öffnete. Mit Schaudern dachte er daran, dass er bald wieder diesem angeblichen Kaiser in der Montgomery Street gegenüberstehen würde. Dieser verwirrte Narr würde ihm wieder Frechheiten an den schmerzenden Kopf werfen und sich halsstarrig weigern, den Weg freizugeben. Seufzend erhob sich der Präsident und kleidete sich an. Lackschuhe, Kniebundhosen, Dreispitz. Was sollte er denn noch ertragen? Wieder und wieder musste er sich diesem dahergelaufenen Tölpel stellen, der sich für einen Staatsmann hielt. Und das Volk jubelte diesem Kerl auch noch zu. Diesem Kerl, der behauptete, rechtmäßiger Kaiser zu sein! Das war unerträglich. Diese Stadt, dieses Land war unerträglich. Der Präsident packte ein paar Habseligkeiten zusammen. Er wollte Norton nie wieder sehen. Frederick George Washington II. war seines Amtes müde. So endlos müde. Es war wohl an der Zeit, abzudanken. Diese unerfreuliche Geschichte sollte hier und heute enden. Frederick verließ San Francisco zu Fuß. Außer Bummer und Lazarus beobachtete ihn niemand dabei.

Norton wunderte sich, dem eingebildeten Präsidenten nicht mehr zu begegnen, doch er nahm es mit Wohlwollen zur Kenntnis. Endlich konnte der Kaiser wieder frei und unbeschwert durch seine geliebte Hauptstadt patrouillieren, endlich stellte sich kein dahergelaufener Präsident mehr in seinen Weg, um dummes Zeug zu plappern.

Der Kaiser hörte jemanden sagen: »Gottlob ist der unselige Krieg endlich vorbei.« Er stutzte. Ja hatte es denn einen Krieg gegeben? Doch nicht in seinem Kaiserreich? Oder hatte der Untertan womöglich die Auseinandersetzung mit dem verrückten Präsidenten gemeint. Natürlich war diese nicht schön gewesen, doch dabei von einem Krieg zu reden, das schien Norton doch übertrieben zu sein. Der Mann musste einen anderen Krieg meinen. Doch wie konnte es sein, dass er, der er doch der Kaiser war, nichts von einem Krieg mitbekommen hatte? War er wirklich so sehr mit dem angeblichen Präsidenten beschäftigt gewesen, dass die große Weltpolitik unbemerkt an ihm vorbei agieren konnte? Das war doch nicht möglich! Immerhin war er ein Staatsmann, ein mächtiger Herrscher! Ein Weltenlenker! Er sah den Mann an. Wenn der geisteskranke Washington so etwas gesagt hätte, hätte der Kaiser sich nicht gewundert, doch dieser

Mensch sah ganz vernünftig aus. Er wirkte keineswegs wie eine verrückte oder verwirrte Person.

»Von welchem Krieg sprichst du?«

Der Untertan grinste merkwürdig und sagte: »Majestät, seit dem 12. April 1861 lagen die Nord- und die Südstaaten Amerikas gegeneinander im Krieg. Doch sorgt euch nicht, Majestät, das ist vorbei.«

»Seit 1861? Also vier Kriegsjahre, von denen mir niemand berichtet hat? Soll das ein Scherz sein?«

»Leider nicht, Majestät. Doch nun ist es vorbei. Alles ist gut, Ihr könnt beruhigt sein.«

Norton blickte um sich. Überall schaute er in grinsende Gesichter und er begriff. Laut lachte er auf. »Ich verstehe! Haha! Ein Krieg zwischen den Nord- und den Südstaaten!« Er hielt sich den hopsenden Bauch und lachte schallend. Zwischendurch stieß er die Worte aus: »Mein wunderbares Volk lässt sich die lustigsten Possen einfallen, um mich zu erheitern!« Lachend ging er seines Weges. »Was leben doch für wunderbare Menschen in meinem Reich!«

Jemand rief: »Der Präsident ist tot – es lebe der Kaiser!« Es wurde gelacht. Und gejubelt.

»Lang lebe der Kaiser!«

»Er lebe hoch!«

»Gott segne unseren Kaiser!«

Regieren mit Herz

Der Kaiser genoss das Verschwundensein des falschen Präsidenten. Die Sonne schien ihm nun heller zu leuchten, der Himmel blauer zu strahlen und das Volk machte ebenfalls einen glücklicheren Eindruck als vor wenigen Wochen. An jeder Straßenecke wurde gelacht und gescherzt und Norton wurde mit größerer Begeisterung begrüßt als je zuvor. Und mit wahrhaftiger Kaisertreue. Selbst die berühmten Straßenköter Bummer und Lazarus machten einen fröhlichen Eindruck. Beinahe schien es dem Kaiser so, als sei eine schwere Last von den Schultern der Bürger genommen worden. Merkwürdig, dass sie alle so erleichtert und befreit wirkten, bloß weil dieser verwirrte Mensch seinen Irrtum eingesehen hatte und verschwunden war. Offensichtlich hatte das Volk doch mehr unter dem Scharlatan gelitten, als er gedacht hatte.

Der Kaiser führte nun wieder unbeirrt seine täglichen Inspektionen durch, machte die Stadtverwaltung auf Mängel an den öffentlichen Straßen aufmerksam, erließ wieder diverse Befehle und Verordnungen und achtete sorgfältig darauf, den Kontakt zu den gewöhnlichen Bürgern in seinem Reich nicht zu vernachlässigen. Er speiste regelmäßig in den besten Gaststätten der Hauptstadt und die braven Wirte wiesen stolz und geehrt öffentlich darauf hin, dass Seine Majestät bei ihnen speiste. Zuweilen zahlte der Kaiser mit handschriftlich ausgestellten Dollarnoten, zuweilen gab er dem Drängen der braven Leute nach und ließ sich einladen. Auf seinen täglichen Rundgängen sprach er freundlich mit dem Bierkutscher und der Marktfrau und half jedem, der seiner Hilfe benötigte. Wer Geld brauchte, dem half er großzügig mit kaiserlichen Dollarnoten aus, wer Zuspruch und warme Worte brauchte, dem stand er väterlich und wohlwollend zur Seite. Sogar Bummer und Lazarus bedachte er gelegentlich mit einer Leckerei und guten Worten.

Allerdings gab es einen unglücklichen Umstand, der seine Laune trotz aller Freude trübte. Offensichtlich hatte ein übereifriger Untertan in der angeblichen Hauptstadt Washington den armen Lincoln ermordet. Natürlich hatte Norton Verständnis für diese Tat. Immerhin war sie vermutlich aus Liebe zu Kaiser und Vaterland geschehen. Dennoch konnte er einen gemeinen Mord nicht gutheißen. Dass das Opfer ein verwirrter Mensch war, machte eine solche Tat noch verdammenswerter. Wer krank am Geiste war, der sollte nicht fürchten müssen angegriffen zu werden, vielmehr sollte er darauf vertrauen dürfen, dass ihm geholfen wurde, so wahr er der Kaiser von Amerika war. Und krank am Geiste war dieser Lincoln gewiss gewesen, ansonsten hätte er sich ja wohl kaum für den Präsidenten der Vereinigten Staaten gehalten.

Nachdenklich blieb der Kaiser vor *Martin & Horton's* stehen. Auf dem Schild im Fenster stand in feinster Handschrift: »Im Dienste Seiner Kaiserlichen Majestät, Kaiser Norton I., hochwohlgeborener Herrscher der Vereinigten Staaten von Amerika.«

Norton lächelte huldvoll. Der gute Mister Martin. Der freute sich immer so, wenn er seinen Kaiser bewirten durfte. Der Herrscher betrat das Lokal.

»Seid gegrüßt, kaiserliche Hoheit.« Mister Martin beugte vor dem Monarchen ehrfürchtig das Haupt. »Wünscht Majestät einen kleinen Morgenimbiss in meinem bescheidenen Hause zu sich zu nehmen? Natürlich wäre es mir eine Ehre, Eure Durchlaucht einzuladen.«

Der gute, brave Mann. Er servierte dem Herrscher Rühreier, Toast und kleine scharf gebratene Würstchen. Nach dieser vorzüglichen Mahlzeit reichte der Wirt dem Kaiser eine Zigarre. Norton lehnte sich behaglich zurück und paffte dicke aromatische Rauchwolken aus. Vielleicht sollte er den Mörder Lincolns einfach begnadigen. Der Mann hatte es sicherlich bloß gut gemeint. Kurz kam ihm gar der Gedanke, ihn in den Adelsstand zu erheben, hatte er doch wahrhaftige Kaisertreue bewiesen. Wenn er auch dabei über das Ziel gewissermaßen hinausgeschossen war.

»Sagen Sie, Mister Martin«, fragte er paffend den Wirt, »wie, meinen Sie, sollte mit dem Burschen verfahren werden, der diesen Lincoln niedergeschossen hat?«

Der Wirt lächelte. »Wenn Majestät meine Meinung zu erfahren wünscht.« Er verbeugte sich. »Man sollte ihn vergessen. Tote soll man ruhen lassen.«

»Ich spreche über den Mörder, nicht über das Opfer.«

»Aber Majestät, ist Euch denn nicht bekannt, dass er auf seiner Flucht erschossen wurde. Schon wenige Tage nach der Tat.«

»So ist das? Nun denn, dann brauchen wir uns nicht weiter damit zu befassen. Möge er in Frieden ruhen. Er hat es gewiss gut gemeint. Obschon ich die Tat selbst natürlich aufs schärfste verurteile.«

»Gewiss, Majestät, gewiss.«

Norton erhob sich. Er hatte noch einiges zu tun. Der Zustand der städtischen Straßen musste überprüft werden. Unterwegs sollte es ausreichend Gelegenheiten geben, sich die Sorgen und Nöte des Volkes anzuhören. Norton liebte seine Arbeit. Was hatte er doch für ein großes Glück, dem amerikanischen Kaiserreich dienen zu dürfen, es mit wohlwollender und starker Hand zu leiten und zu führen. Und seine Untertanen dankten es ihm Tag für Tag, Jahr für Jahr.

Der Kaiser hatte nicht bloß für verprügelte Jungs von der Straße und Bierkutscher stets ein freundliches Wort parat, nein, auch zu den herumstreunenden Kötern Bummer und Lazarus war er immer liebenswürdig. Hatte er für die beiden ausnahmsweise Mal keinen Wurstzipfel oder Ähnliches in der Jackentasche, plauderte er wenigstens freundlich mit ihnen und streichelte sie. Insbesondere Bummer liebte es, wenn der Kaiser ihn hinter den Ohren kraulte. Den Bürgermeister der Stadt traf er ebenfalls regelmäßig auf seinen Gängen. Die beiden tauschten sich über ihre Amtsgeschäfte aus, und der Monarch gab gerne den einen oder anderen hilfreichen Rat zum Besten. Jeder und jede konnte zu ihm kommen. Der Kaiser hatte für alle ein offenes Ohr. Und was noch viel wichtiger war:

ein offenes Herz. Einmal kam die Freundin der Schwester des Bierkutschers zu ihm und klagte ihr Leid. Ihr Verlobter, der Strolch und Tagträumer, habe nur Flausen im Kopf, erzählte sie. Statt eine anständige Arbeit zu ergreifen, wollte er immer bloß Gedichte schreiben. Das war ja schön und gut und seine Reime gefielen ihr auch sehr, brachten aber am Ende nichts ein. Er konnte sie nur selten zum Tanz ausführen oder mal etwas Hübsches schenken. Bloß eben Gedichte. Für einen großen Künstler hielt er sich, aber wenn er ihr etwas Nettes sagen sollte, wurde er plötzlich schweigsam wie ein vertrockneter Stockfisch. Der Kaiser lachte freundlich und sagte: »Mein liebes Kind, glaubst du, dass er ein reines Herz hat und dich aufrichtig liebt.«

»Davon bin ich überzeugt, Majestät«

»Säuft er? Oder schlägt er dich?«

»Aber nein, Majestät, er ist kein schlechter Mensch!«

»Furzt oder rülpst er bei Tisch?«

Sie schüttelte nachdrücklich ihren Kopf.

»Riecht er schlecht?«

»Aber nein!«

»Nun, dann freue dich, dass du ihn hast, deinen Poeten. Was macht es schon, wenn er kein Geld hat? Es ist doch gut und richtig, dass er Verse schmiedet. Die Welt braucht Poesie wie Luft zum Atmen. Was macht es schon, wenn er dir deine Liebe nicht ins Gesicht sagen kann? Schreibt er dir doch stattdessen wunderbare Gedichte.«

Nachdenklich kräuselte sie die Stirn.

»Eines Tages, mein Kind, wird er ein berühmter Dichter sein. Oder er wird einsehen, dass die Reimerei bloß ein harmloser Zeitvertreib ist. Immerhin ein besserer als Hahnenkampfwetten oder Hurerei.«

»Meint Ihr wirklich, Majestät?«

»Ganz gewiss, mein Kind, ganz gewiss. Hauptsache ist doch, dass ihr aufrichtig zueinandersteht. Erst wenn das nicht so ist, dann jag ihn zum Teufel.«

»Oh, Majestät, wir lieben uns aufrichtig und von ganzem Herzen. Wir wollen heiraten und immer beieinanderbleiben.«

»Da hoffe ich doch, dass ich als Trauzeuge dienen darf.«

An einem Mittwochmorgen, Joshua Norton I. befand sich bereits auf dem Heimweg, vernahm der Kaiser eine wütende Stimme: »Ich lasse mir von keinem Schlitzauge in die Suppe spucken! Soll der Gnom herkommen, ich breche ihm alle Knochen!« Norton schritt auf die Menschenmenge zu, die sich um das Gefährt des Bierkutschers versammelt hatte. »Wenn der Gelbe sich nicht benehmen kann, werde ich es ihm beibringen! Komm her, China-Mann!« Norton seufzte. Solch böse Worte hörte er nicht zum ersten Male. Offensichtlich herrschte ein Groll zwischen den amerikanischen Bürgern, deren Vorfahren aus Europa und denen, deren Vorfahren aus China kamen. »Schweige er still!«, rief der Kaiser streng.

Der Bierkutscher, der zuvor noch auf dem Kutschbock stehend wütend seine Faust geschüttelt hatte, starrte ihn mit offenem Mund an.

»Weiß er denn nicht, dass in meinem Reich, jeder Untertan ein guter Untertan ist? Nicht die Herkunft zählt, nicht die Farbe der Haut, es zählt einzig und allein: Steht er treu zu Kaiser und Vaterland!«

»Aber …« Der Kutscher sah unglücklich aus. »Aber der Gelbe ist direkt vor den Gäulen über die Straße gerannt. Wahrscheinlich hat er gerade eine Witwe ausgeraubt oder Schlimmeres verbrochen.« Eilig deutete er eine Verbeugung an und ergänzte: »Kaiserliche Hoheit.«

»Unfug!«, bellte Norton. »Ich erwarte, dass meine Untertanen respektvoll und freundlich miteinander umgehen. Das ist ein kaiserlicher Befehl. Verstanden, Kutscher?«

»Aber mir wären beinahe die Pferde durchgegangen. Das geht doch so nicht, Majestät!«

»Ob er mich verstanden hat, möchte ich wissen?«

»Jawohl, Majestät«, brummelte er und beugte sein Haupt.

»Alle Amerikaner sind eine Familie. Brüder und Schwestern. Ob weiß, gelb oder schwarz. Mein Volk ist EIN Volk!«

»Jawohl, Majestät.«

Jemand von den umherstehenden Leuten rief plötzlich: »Lang lebe der Kaiser!«

Der Bierkutscher lächelte nun und rief: »Lang lebe der Kaiser!«

Kurz darauf kam von allen der Jubelruf: »Lang lebe der Kaiser!«

Hochzufrieden ging Norton seines Weges. Er hatte es geschafft. Wieder einmal hatte er die kochende Volksseele besänftigen können. Norton war eben einfach ein hervorragender Herrscher.

Zwei Tode (Ein kurzes Zwischenspiel)

In den frühen Abendstunden trug sich ein tragisches Ereignis zu. Der Hund Lazarus, der nicht mehr besonders gut hörte, wollte die Straße überqueren. Mit großer Geschwindigkeit näherte sich der Wagen der Freiwilligen Feuerwehr. Das warnende Gebimmel konnte den alten Hund nicht schrecken. So wurde Bummers treuer Geselle überrollt. Er verstarb direkt am Unfallort.

In den Zeitungen der nächsten Tage wurden zahlreiche Nachrufe veröffentlicht. Die Stadt trauerte. Mister Martin ließ das Tier ausstopfen und stellte es in seinem Lokal auf.

Bummer trauerte ebenfalls. Hatte er doch seinen besten Freund verloren.

Einige Monate später erhielt der alte Bummer, der inzwischen vor Kummer krank und gebrechlich war, einen harten Fußtritt von einem volltrunkenen Rüpel. Der arme Hund wimmerte vor Schmerz, krümmte sich gequält und verstarb ebenfalls.

Wieder erschienen zahlreiche Nachrufe in den Zeitungen. Wieder trauerte die Stadt um einen beliebten Straßenköter. Auch Bummer ließ Mister Martin ausstopfen und neben Lazarus aufstellen.

Der Betrunkene, der Bummer dieses Leid angetan hatte, wurde verhaftet und wegen Tierquälerei zu einer Geldstrafe von 25 Dollar verurteilt.

1867, Putsch!

Nachdem der Kaiser die Erlasse des Tages bei den wichtigen Zeitungen der Hauptstadt San Franciscos abgegeben hatte, spürte er eine kräftige Hand, die sich von hinten auf die kaiserliche Schulter legte. »Sind Sie Mister Joshua Norton?«, fragte jemand. Der Kaiser drehte sich um und sah sich einem Polizisten gegenüber. »Fürwahr«, erwiderte er, »ich bin Joshua Norton I., Kaiser der Vereinigten Staaten von Amerika. Und wer bist du, der sich mir ohne jeden Respekt nähert, ja, sogar ungefragt berührt?«

»Mein Name ist Armand Barbier. Ich bitte Sie, mich ohne große Umstände zu begleiten.«

»Soso, Herr Wachtmeister. Sie bitten mich also. Nun, ich gedenke nicht, jemandem eine Bitte zu erfüllen, der sich mir gegenüber so ungehörig zeigt.«

»Mister Norton, wenn Sie nicht freiwillig mit mir kommen, werde ich Gewalt anwenden müssen, damit Sie die Behandlung erhalten, die Sie benötigen.«

Norton erhob den Zeigefinger. »Wollen Sie mir drohen? Mich gar verhaften? Das gesamte amerikanische Kaiserreich steht hinter mir und wird keinen Putsch, keinen Staatsstreich dulden!«

»Wie du willst, du verrückter Bursche.« Barbier drehte ihm gewaltsam den rechten Arm auf den Rücken und führte ihn ab.

»Revolte!«, rief der Kaiser zornig. »Der Pöbel erhebt sich gegen den Herrn!«

Der Polizist ließ sich nicht beirren. Er hielt den kaiserlichen Arm auf den Rücken gedreht, bog ihn so weit wie notwendig nach oben, so dass Norton gar nicht anders konnte, als mit dem Polizisten zu gehen, der ihn direkt zur Polizeistation brachte und in eine Zelle sperrte. Auf dem Weg dorthin schrie und schimpfte der Kaiser ununterbrochen. »Ein Putsch! Ein Aufstand! Die Polizei fällt dem Herrscher in den Rücken. Volk! Eile deinem Kaiser zur Hilfe!«

Und plötzlich gab er Ruhe. Denn da war niemand, der ihn hören konnte. Dieser unverschämte Polizist hatte es tatsächlich gewagt, ihn, Joshua Norton I., Kaiser der Vereinigten Staaten von Amerika, in den Kerker zu stoßen und die eiserne Tür hinter ihm abzusperren.

Wütend stapfte der Kaiser in seiner Zelle hin und her. Fünf Schritte zur Gittertüre, eine Drehung, fünf Schritte zurück bis an die Wand, Drehung, fünf zur Tür, Drehung, fünf zur Wand. »Und, Sammy? Was sagen sie nun, deine Stimmen?« Drehung, fünf Schritte zur Tür. »Dass man mich wie einen Dieb ins Loch stecken wird, haben sie dir nicht verraten, was?« Drehung, fünf zum Fenster. »Verflucht! Sammy, welch ein Elend ist da über mich eingebrochen?« Drehung, fünf zur Tür. Endlich meldete sich sein alter Freund zu Wort: »Wir sind Bankerts, tätärä!«, sang er. Zunächst noch leise, dann wurde er lauter. »Wir sind Bankerts, tätärä!« Norton setzte den ruhelosen Marsch fort. Nun schimpfte er allerdings nicht mehr. Und schließlich stimmte er mit ein und sie sangen gemeinsam: »Wir sind Bankerts, tätärä!«

Der Herrscher verlor jedes Zeitgefühl. Vermutlich war er schon seit Tagen, wenn nicht gar seit Wochen in Kerkerhaft gehalten worden. Ohne Sammy hätte er diese Schmach niemals ertragen können. Längst hätte er seinem traurigen Leben ein Ende bereitet, wenn ihm der Freund nicht treu und tapfer zur Seite gestanden hätte. In all den Monaten wurde ihm gelegentlich etwas zu Essen durch die Gitter geschoben. Meistens war es gekochter Reis. Der Kaiser hasste Reis.

Kurz nach Nortons Festnahme, sammelte sich eine Menschenmenge vor dem Polizeipräsidium. »Gebt den Kaiser frei!«, riefen die Leute. »Lasst ihn ziehen!«

Schon nach wenigen Stunden gab der *San Francisco Chronicle* ein Extrablatt heraus und verteilte es unter den empörten Demonstranten. Weitere Zeitungen folgten. Sie alle forderten die Freilassung des Kaisers.

Dem Polizeikommandanten Patrick Crowley stand der Schweiß auf der Stirn, als er die Meute vor dem Präsidium sah und die zornigen Proteste hörte.

»Barbier!«, bellte er. »Zu mir ins Büro!«

Der Gerufene beeilte sich, dem Befehl nachzukommen.

»Was fällt Ihnen ein?«, schnauzte Crowley. »Ist es wahr, was der Mob da draußen skandiert? Haben Sie Norton eingelocht?«

Barbier unterdrückte den Drang, mit den Füßen nervös hin und her zu trippeln.

»Jawohl, Sir. Den Mann, der sich Joshua Norton nennt und sich für einen Kaiser hält, habe ich in Gewahrsam genommen.«

»Wieso das denn, zum Teufel? Hören Sie die Leute da draußen? Die sind kurz davor, das Präsidium zu stürmen!«

»Jawohl, Sir. Ich höre sie.«

»Wer, in Gottes Namen, hat Ihnen diesen unsinnigen Befehl gegeben?«

»Niemand, Sir.«

»Sie haben auf eigene Faust gehandelt? Nur für das Protokoll, Sie Dummbart! Auf eigene Faust?«

»Soll ich unsere Leute in Alarmbereitschaft versetzen, Sir?«

»Halten Sie die Füße still! Was hat Norton denn angestellt?«

»Nichts, Sir.«

Der Polizeikommandant seufzte und fragte mit beherrschter Stimme: »Und warum, zum Henker, sitzt er dann ein?«

»Nun, Sir, ich dachte ...«

Beinahe flüsterte er nun: »Hören Sie auf zu denken und sagen Sie mir, was das soll!«

»Ich habe Norton festgenommen, um ihn der Irrenanstalt zu übergeben. Offensichtlich benötigt er eine irrenärztliche Behandlung.«

»Schwachkopf! Lassen Sie Norton raus. Sofort! Die Leute lieben ihn und er tut keiner Fliege was zuleide.«

»Aber ...«

»Nein! Ich will nichts mehr davon hören. Lassen Sie ihn raus, bevor die da draußen vollkommen durchdrehen!«

Barbier salutierte, drehte sich um und verließ das Büro.

»Und, verdammt noch mal«, rief ihm der Polizeikommandant wieder laut und kräftig hinterher, »entschuldigen Sie sich beim Kaiser!«

Zwar war es Norton vorgekommen, als sei er für Monate eingekerkert gewesen, doch bereits am Morgen nach seiner Festnahme wurde er wieder entlassen. Zufrieden und erleichtert blinzelte er in die Sonne. Er trat vor das jubelnde Volk. »Lang lebe der Kaiser!«, begrüßten sie ihn begeistert und glücklich. Der befreite Herrscher sah das fröhliche Gesicht des amerikanischen Volkes. Offensichtlich war dieser jämmerliche Putschversuch von diesen kaisertreuen Helden niedergeschlagen worden. Der verrückte Polizist hatte sich sogar demütig beim Kaiser entschuldigt. Norton hätte ihn wegen Hochverrat hinrichten lassen können. Immerhin ging von Revolutionären immer eine große Gefahr aus. Doch er verzieh diesem Manne, sah er doch echte Reue in seinen Augen glimmen. Der Kaiser wusste, er konnte sich auf seine Menschenkenntnis verlassen und er wusste, von diesem Polizisten namens Barbier, ging keine weitere Gefahr aus. Genüsslich atmete er die Luft der Freiheit tief ein und winkte den Leuten zu. Sie jubelten freudig: »Unser Herrscher ist frei!«

»Lang lebe der Kaiser!«

Nach diesem Tag hatte sich das Verhalten der Polizisten deutlich verändert. Hatten sie das Staatsoberhaupt bislang freundlich, aber doch etwas nachlässig begrüßt, standen sie nun stramm und salutierten zackig, wenn sie ihrem Herrscher begegneten. Und zwar immer, ausnahmslos. Der Kaiser nahm es mit Wohlwollen hin. Er war froh, dass er Armand Barbier, der sich ja strenggenommen des Hochverrats schuldig gemacht hatte, nicht hatte hinrichten lassen. So hätte es sich eigentlich gehört. Doch Gnade war größer als Recht, fand Norton, und so hatte Barbier von nun an die Möglichkeit seinen, nun doch noch geliebten, Kaiser schneidiger und strammer zu begrüßen als all seine Kameraden.

»Die gelbe Gefahr« (1)

Wenige Tage nach dem unerhörten Putschversuch traf der Kaiser bei der morgendlichen Inspektion seine ehemalige Zimmerwirtin.

»Lieber Mister Norton, wie schön, Sie zu sehen!«

Der Kaiser lächelte huldvoll. Die ehrenwerte Misses Blake war die einzige Person, die es sich erlauben durfte, ihn so weltlich anzusprechen, als sei er ein gewöhnlicher Mann von der Straße. Er wusste ja, dass sie es gut meinte und ihm treu ergeben war.

»Verehrte Misses Blake, die Freude ist ganz auf meiner Seite.«

»Ich hörte, was Ihnen Furchtbares widerfahren ist. Gottseidank ist es überstanden und Sie sind wieder auf freiem Fuß.«

»Fürwahr, verehrte Dame, die Angelegenheit hätte böse ausgehen können. Ein junger Polizist war offensichtlich etwas verwirrt und hat sich zu Fehlhandlungen hinreißen lassen.«

»Verwirrt, sagen Sie, lieber Mister Norton? Sie meinen geisteskrank?«

»So macht es den Eindruck. Wie sonst hätte er es wagen können, den Kaiser von Amerika abzuführen wie einen gemeinen Straßendieb?«

»Es heißt, er habe Sie eingesperrt, weil er …« Misses Blake brach den Satz ab und sah zu Boden.

»Nun reden Sie. Mir können Sie alles freiheraus sagen.«

»Es heißt, dieser Polizist habe seinerseits Sie für … geistig etwas … nun ja …«

Norton lachte laut auf. »Sie meinen, der Bursche hat mich für verrückt gehalten?«

Misses Blake nickte verlegen.

»Da bin ich umso froher, ihn nicht mit aller Härte zur Rechenschaft gezogen zu haben, denn in diesem Falle hat der Kerl offensichtlich nichts Böses im Sinne gehabt.«

»Sie nehmen es der Polizei nicht übel?«

»Aber nein, verehrte Misses Blake. Diese wackeren Männer tun nur ihre Pflicht. Und wenn mal einer von ihnen versehentlich über das Ziel hinausschießt, weil er die Gegebenheiten falsch einschätzt …« Norton zuckte mit den Schultern. »Ich nehme niemandem etwas übel.«

»Ach, lieber Mister Norton, Sie haben ein gutes Herz.«

»So soll es sein als Herrscher über eine Weltmacht.«

Nach dem Gespräch machte sich Norton auf den Heimweg. Seine ehemalige Zimmerwirtin war eine treue Untertanin und hatte ihm schon zur Seite gestanden, als noch niemand ahnte, welch gewaltiger Herrscher er werden würde. Der Polizist hatte ihn, den rechtmäßigen Kaiser von Amerika, für verrückt gehalten, hatte sie ihm berichtet. Das war wirklich erstaunlich. Er kannte sich nun wahrlich mit Verrückten aus. Lange hatte er sich mit dem Manne auseinandersetzen müssen, der sich für einen Präsidenten namens Washington gehalten hatte. Und dann war da noch dieser Lincoln, der sich ebenfalls eingebildet hatte, das Kaiserreich zu regieren. Ja, Norton hatte schon mit einigen Verrückten zu tun gehabt. Ein Lächeln huschte ihm über das Gesicht. Sein Spielkamerad aus glücklichen Kindertagen war ihm eingefallen. Sein Freund Sammy. Der hatte sich zwar nicht für einen Herrscher gehalten, dafür aber Stimmen gehört. Stimmen, die es nie gegeben hat. Ja, der Kaiser kannte sich mit verwirrten Menschen aus. Wenn er einen vor sich hatte, erkannte er ihn auch.

»Dabei stellt sich die Frage«, murmelte der Kaiser leise, »sind all die Verrückten ein Problem? Was macht es schon, wenn sich ein dahergelaufener Lincoln für einen Präsidenten hält? Solange das Volk weiß, dass ich der alleinige Herrscher bin, stört ein eingebildeter Staatsmann niemanden.« Norton lachte auf. »Staatsmann!«, wiederholte er. »Wie kann jemand bloß auf solch drollige Ideen verfallen?« Nachdem er fertig gelacht hatte, überlegte er weiter: »Man sollte die Verrückten in Ruhe lassen. Solange sie niemandem etwas tun, machen sie die Welt ein bisschen bunter und viel interessanter.«

»Verfluchtes Schlitzauge! Ich breche dir alle Knochen!«

Der Kaiser schreckte aus seinen Gedanken auf. Ein asiatisch aussehendes Kind rannte an ihm vorbei und verschwand in einer Seitengasse.

»Was geht hier vor?«, fragte Norton den Bierkutscher.

»Oh, der Kaiser.« Langsam ließ der Bierkutscher die Faust sinken und lächelte.

»Also guter Mann, worüber sind Sie so erzürnt?«

»Majestät vergeben Sie einem einfachen Lieferanten den rauen Ton, aber das Chinesenpack bestiehlt uns Amerikaner, wo es nur kann. Man muss sie verscheuchen, solange sie bloß lästig und nicht gefährlich sind.«

»Ihr habt dem Kinde gedroht?«

»Oh Majestät, die Kleinen sind die schlimmsten. Mit den Fingerchen ziehen sie aus jedem Rock eine Börse.«

»Hat das Kind euch bestohlen?«

»Noch nicht, Majestät. Ich bin mir aber sicher, wenn ich den China-Bengel nicht ertappt hätte …«

»Unfug!«, bellte der Kaiser. »Ich lasse es nicht zu, dass Kinder grundlos bedroht werden. Zukünftig werdet ihr ein solches Verhalten unterlassen. Verstanden?«

»Jawohl Hoheit. Selbstverständlich Majestät!« Der Bierkutscher machte einen Diener. »Ich werde keinem dreckigen Chinesen etwas zuleide tun.« Er verbeugte sich erneut. »Wenn ich wieder einen von diesen Kerlen sehe, werde ich ihm die Hand reichen. Und wenn es ihm gefällt, werde ich ihn zum Bier oder zum Tee einladen.« Der Kutscher machte einen dritten Diener. »Und wenn er sich mein sauer verdientes Geld klemmen möchte, werde ich höflich dazu lächeln.«

Ein paar der umherstehenden Leute lachten. Vermutlich, weil sie sich freuten, dass der Herrscher dieses kleine Problem so schnell und gut gelöst hatte.

»Nun denn, so will ich von weiteren Konsequenzen absehen.«

»Lang lebe der Kaiser!«, riefen die Leute freudig und Norton machte sich auf den Heimweg. Er hatte noch viel zu tun. Etliche Erlasse mussten noch verfasst werden. Außerdem musste er noch einen Brief an Queen Victoria schreiben. Sie wartete gewiss schon auf neue Post aus Amerika.

Fredericks Ende

Während der Kaiser in San Francisco damit beschäftigt war, das Reich zu regieren, lebte sein einstiger Rivale Frederick Coombs in der angeblichen Hauptstadt Washington. Über seine Rolle als wiedergeborener Präsident sprach er nicht mehr. Offensichtlich war die Welt noch nicht reif für die Rückkehr des größten Staatsmannes aller Zeiten. Da er nicht auf die Steuergelder, die ihm ja zugestanden hätten, zurückgreifen konnte, verkaufte er auf der Straße seine wunderbaren Fotografien und Bücher. Er kleidete sich weiterhin so, wie es von einem Gründervater der Vereinigten Staaten erwartet werden durfte. Lackschuhe, Kniebundhosen, Dreispitz. Selbstverständlich ging er auch niemals ohne seine gepuderte Perücke auf die Straße. Und als er an diesem Abend in der *Lincoln Hall* die Aufführung eines Amateurtheaters besuchte, wurde er freudig begrüßt und umjubelt. Die Bitten, er möge eine seiner Ansprachen halten, rissen nicht ab und so erbarmte er sich, betrat die Bühne und hielt eine ausführliche Rede. Er berichtete dem Publikum von seinem bewegten Leben, von all seinen Erfindungen und allgemeinnützlichen Wohltaten. Schließlich rechnete er den Leuten vor, dass der amerikanische Staat ihm nicht weniger schuldete als die beträchtliche Summe von 17 Trillionen Dollar. Frederick hätte noch stundenlang reden können. Die Leute waren fasziniert und lauschten ihm andächtig. Doch nach viel zu kurzer Zeit kam einer von den Theaterleuten zu ihm auf die Bühne und bat ihn zu gehen. Dabei war er mit seinen Ausführungen noch lange nicht fertig. Der komische Theatermensch behauptete, das Publikum glaubte, Coombs Darbietung gehörte zur Aufführung und die sollte nun endlich beginnen. Er sollte doch bitte die Bühne verlassen, er hätte nun lange genug gestört. Selbstverständlich hatte Coombs nicht die Absicht, das Feld zu räumen, doch als der Rüpel damit drohte, die Polizei zu rufen, ging er lieber.

Wenige Jahre später begab er sich nach New York, wo er seine Autobiografie schrieb und verstarb.

»Die gelbe Gefahr« (2)

Der Bierkutscher war nicht der Einzige, der die Chinesen nicht mochte. Nahezu alle nicht-asiatischen Bürger von San Francisco verachteten oder fürchteten sie.

»Ich habe nichts gegen die Gelben«, sagte die ehrenwerte Misses Blake dem Kaiser, »aber sie müssen sich anständig benehmen. Wie wir richtigen Amerikaner auch.«

»Tun sie das denn nicht?«, fragte Norton erstaunt.

»Manche schon«, gab Misses Blake zu. »Manche arbeiten fleißig in ihren kleinen Wäschereien. Ich habe auch gehört, dass sich einige von ihnen als Küchenhilfen oder als Köche einstellen lassen. Da sollen die gar nicht so übel sein. Ich würde es mir allerdings gut überlegen, die Gelben in mein zu Haus lassen.«

»Wieso das, verehrte Misses Blake?«

»Auf der Straße rauben sie die Leute aus, betreiben Glücksspiel und – verzeihen Sie, lieber Mister Norton, wenn ich die Sünde beim Namen nenne – betreiben Hurerei.«

Auch Mister Martin hatte keine hohe Meinung von den Asiaten.

»Zum Glück bleiben die lieber unter sich und kommen nicht in mein Gasthaus. Ich weiß nicht, was ich dann tun würde.«

»Haben Sie eine Ahnung, wieso es hier so viele von denen gibt?«, fragte der Kaiser. »Das Reich der Mitte ist doch ziemlich weit weg.«

»Ich denke, die ersten kamen in den 50ern. Sie wollten am Goldrausch mitverdienen. Reich geworden sind sie so allerdings nicht. Die meisten Chinesen haben dann beim Eisenbahnbau angefangen. Haben für ein paar Cent schwere, gefährliche Arbeit getan und die Löhne ruiniert. Jetzt gibt es bei der Eisenbahn kaum noch Arbeit und die Gelben machen krumme Geschäfte. Sie schließen sich in kleine Banden zusammen, die sie Tongs nennen, rauben brave Amerikaner aus und verschwinden in den verwinkelten, schmutzigen Gassen von China-Town.«

»Und das machen alle Chinesen so?«

»Jawohl, Majestät, die Schlitzaugen sind einfach kriminell veranlagt.«

Nachdenklich machte sich Norton auf den Heimweg. Dass alle Chinesen Verbrecher sein sollten, konnte er kaum glauben. Noch am gleichen Abend wollte er dem Kaiser von China einen Brief schreiben und fragen, was er von der Sache hielt.

Bei seinen Inspektionsrunden an den folgenden Tagen sprach Norton gezielt asiatisch aussehende Bürger an. Er grüßte sie freundlich und erkundigte sich nach ihrem Befinden. Die Chinesen waren allesamt höflich und brachten ihm, dem Kaiser von Amerika, den notwendigen Respekt entgegen. Norton kam zu dem Schluss, dass die chinesischen Amerikaner ebenso ehrbar, höflich und anständig waren wie die amerikanischen.

In der Nacht auf den 24. Juli 1877 wurde der Kaiser von lauten Stimmen geweckt. »Auf nach China-Town!«, riefen Leute auf der Straße immer wieder. »Auf nach China-Town!«

»Nanu, findet heute ein Volksfest im chinesischen Viertel statt?« Norton überlegte kurz, ob er aufstehen und hingehen sollte. Er war aber zu müde, drehte sich um und schlief weiter.

Am nächsten Morgen während seiner Inspektion fiel dem Kaiser auf, dass es überall nach Rauch roch. Einen jungen Burschen, der vor dem *Martin & Horton's* herumlungerte, fragte er: »He, junger Mann, hat es irgendwo gebrannt?«

»Das kann man wohl sagen. Unten in China-Town gab es ein mächtiges Feuerwerk.« Der Bursche hatte die Hände in den Hosentaschen und lehnte lässig an der Hauswand.

»Nimm Haltung an, wenn der Kaiser zu dir spricht«, befahl Norton streng, aber wohlwollend.

»Jawohl Majestät!«, rief der Junge, zog die Hände aus den Taschen und stellte sich gerade hin.

»So ist es recht.« Der Kaiser lächelte. »Nun berichte mir. Was war das für ein Feuerwerk?«

»Sie haben ein paar Läden der Gelben abgefackelt. Erst eine Wäscherei und ich glaube auch noch eine Suppenküche oder so.«

»Um Gottes willen! Wer hat das getan?«

»Ich weiß nicht, Majestät. Irgendwelche weißen Patrioten, schätze ich.«

»Wahre Patrioten handeln anders, mein Sohn!«

»Jawohl, Majestät.«

»Wahre Patrioten stehen füreinander ein und helfen sich gegenseitig. Wer Amerika liebt, tut seinen Nachbarn nichts Böses an.«

»Jawohl, Majestät.«

Der Kaiser ging nach China-Town. Offensichtlich war es am heutigen Tage notwendig, dort die morgendliche Inspektion durchzuführen.

»Lang lebe der Kaiser!«, rief ihm der Bursche voller Begeisterung hinterher.

In China-Town fand der Kaiser die Ruine eines niedergebrannten Hauses vor. Ein Chinese, der sich bei den Trümmern aufhielt, berichtete ihm mit stockender Stimme, dass in der Nacht viele Langnasen gekommen seien und seine Wäscherei in Brand gesteckt hatten. Die Leute, die im Geschoss darüber wohnten, konnten im letzten Moment gerettet werden. Und das, obwohl der Mob mit Gewalt versucht hatte, jede Rettung zu vereiteln. Auch weitere Gebäude chinesischer Bürger seien angegriffen und in Brand gesteckt worden. Außerdem, berichtete der Mann, seien er und seine Familie von der Meute heftig verprügelt worden. Es grenzte an ein Wunder, dass sie mit dem Leben davongekommen waren. Der Kaiser stellte dem Chinesen eine 50-Dollar-Note aus. Kurz überlegte er, strich die 50 durch und schrieb stattdessen 100.

»Mein treuer Untertan, diese bescheidene Entschädigung soll euch über das erlittene Unrecht hinwegtrösten. Gott segne Amerika.«

»Oh, vielen Dank«, sagte der Chinese und verschwand.

Nachdenklich drehte sich der Kaiser um und ging ins *Martin & Horton's,* um zu frühstücken. Als der Wirt ihm das Essen servierte, fragte Norton: »Haben Sie von den Vorfällen in China-Town gehört, Mister Martin?«

»Ja, die Leute reden darüber.«

»Was reden sie denn?«

»Letzte Nacht haben sie einen Gelben verprügelt. Er war zufällig in der Gegend, aber ein paar von den Jungs glaubten, er sei auf Diebestour gewesen. Sie wissen ja, Majestät, die Chinesen lassen keine Gelegenheit aus.«

»Und was geschah dann?«

»Sie haben ihm den Hintern versohlt und er ist abgehauen. Hat sich in China-Town versteckt. Aber die Jungs hatten wohl Blut geleckt und wollten die Sache nicht einfach so auf sich beruhen lassen.«

Der Kaiser schob den Teller von sich. »Auf nach China-Town«, flüsterte er.

»Genau das haben die Jungs gerufen. Und dann sind sie hin um den Halunken aufzuspüren.«

Der Herrscher erhob sich, ohne von den wunderbaren Würstchen gegessen zu haben. Er musste unverzüglich nach Hause und dem Kaiser von China einen weiteren Brief schreiben. Auf den letzten hatte er noch gar keine Antwort erhalten.

Am nächsten Abend ertönte wieder der grausige Ruf: »Auf nach China-Town!« Diesmal hörte Norton ihn nicht, denn er schlief tief und fest. Von den Ereignissen dieser Nacht erfuhr er erst am Morgen. Mehrere Gebäude waren geplündert und niedergebrannt worden. Bei den Unruhen kamen einige Chinesen ums Leben. Viele wurden verletzt. Die Rauchschwaden zogen noch durch die Straßen, als der Kaiser fassungslos durch die Stadt ging. Er kam an einer kleinen Ansammlung von grimmig dreinblickenden Männern vorbei. Sie hielten Plakate auf denen geschrieben stand: »Jagt die Gelben!« und »Hängt sie auf!«

»Was soll dieser Unfug?«, fragte der Kaiser.

»Majestät, wir machen eine Kundgebung!«

»Papperlapapp! Ich verbiete Darbietungen dieser Art. Geht nach Hause und werft eure blödsinnigen Plakate in den Ofen!«

»Aber, Majestät …«

»Ich dulde keinen Widerspruch! Ihr habt meinen Befehl gehört.«

Wütend drehte sich der Kaiser um und ging.

Am nächsten Tag begegnete ihm wieder eine solche Demonstration. Die wütenden Männer, es waren sicherlich mehrere hundert, kamen von rechts aus einer Seitenstraße, hielten Plakate hoch und machten Radau. Der Kaiser blieb wie angewurzelt stehen. Er hatte Kundgebungen dieser Art doch verboten. Wie konnten sie es wagen! Aus der anderen Richtung, von links, kamen ebenfalls zornige Leute. Auch sie fuchtelten mit Plakaten herum. Auf ihren befanden sich allerdings chinesische Schriftzeichen, die der Kaiser nicht lesen konnte. Norton I. blickte von einem Mob zum anderen und erfasste die Situation: Hier drohten chinesische und nicht-chinesische Volksmassen aufeinanderzustoßen, hier drohte ein Bürgerkrieg!

»Nieder mit den Gelben!«, wurde im Chor gerufen.

»Tod den Langnasen!«, hielten die Chinesen dagegen.

Und der Monarch stand zwischen den Fronten. Er hob beschwichtigend die Arme und rief: »Meine lieben Untertanen, so beruhigt euch doch!« Seine Worte zeigten keinerlei Wirkung. Die Leute schwangen Knüppel und brüllten mit hasserfüllten Blicken ihre Parolen. Wenn der Kaiser nicht genau gewusst hätte, dass das Volk ihn liebte und ihm niemals Gewalt antun würde, hätte er nun vielleicht Angst bekommen.

»Nieder mit den Gelben!« Die ersten Steine flogen über die Straße. Polizisten marschierten auf und bezogen vor den verfeindeten Gruppen Stellung. Sie bildeten zwei Reihen rechts und links von Kaiser Norton. Wohl um ihn zu schützen. Doch der

Herrscher erkannte gleich, dass diese zwei Dutzend Beamte den Bürgerkrieg hier und heute nicht würden verhindern können.

»Tod den Langnasen!«

Die aufgebrachte Menschenmasse war kurz davor, übereinander herzufallen und sich gegenseitig zu zerfleischen. Die wenigen tapferen Polizisten würden zwischen ihnen zermalmt werden. Doch der Kaiser wäre kein Kaiser, wenn er aus dieser ausweglosen Situation keinen Ausweg gefunden hätten. Und dieser Ausweg lag in Gottes Händen.

Norton kniete nieder und betete das Vaterunser. Beim ersten Mal nahm offensichtlich niemand Notiz davon. Nicht einmal der Herrgott selber. Beim vierten Vaterunser hatte Norton das Gefühl, das Geschrei um ihn herum wurde etwas leiser. Beim sechsten hörte der Kaiser auf, mitzuzählen. Er betete das Vaterunser immer und immer wieder. Schließlich wurden keine Parolen mehr gerufen, stattdessen murmelte die Menge leise vor sich hin. Es flogen längst keine Steine mehr und kein Knüppel wurde geschwungen. Die Leute stupsten sich gegenseitig an und zeigten auf den knienden Monarchen. Norton betete ein Vaterunser nach dem anderen. Er sah nicht nach links und nicht nach rechts, war voll und ganz ins Gebet vertieft. Das Gemurmel der Menge verstummte ebenfalls. Es wurde still. Bloß das leise Beten des Kaisers war zu hören. Als er schließlich doch den Blick hob, sah er, dass die Meute nahezu verschwunden war. Ein paar Chinesen standen noch herum und ein paar »Langnasen« auf der anderen Seite. Einige beteten ebenfalls. Einige schauten mit erstaunten

Blicken und offenen Mündern zu. Schließlich gingen der letzte Demonstrant und der letzte Polizist fort. Und auch Norton machte sich auf den Heimweg.

Nach dem Tumult, der vom 23. bis zum 25. Juli 1877 tobte, beruhigte sich die allgemeine Stimmung in San Francisco. Natürlich kam es weiterhin immer mal wieder zu Streit und Spannungen zwischen den verschiedenen Volksgruppen, doch zu großen Ausschreitungen kam es nicht wieder.

Über die Aufregung der letzten Tage hätte Norton beinahe vergessen, Queen Victoria zu ihrem 40. Thronjubiläum zu gratulieren. Er schrieb ihr nun einen langen, herzlichen Brief und hoffte, dieser würde noch rechtzeitig sein Ziel erreichen.

Als Norton einige Tage später vor die Tür trat, lag dort ein Paket. »Für Joshua Norton I., den Kaiser von Amerika« stand darauf geschrieben. Er öffnete das Paket und entdeckte eine schöne neue Uniform. Außerdem fand er ein Schreiben vor, in dem ihm der Stadtrat von San Francisco seine Hochachtung und Dankbarkeit ausdrückte. Die Uniform war ein Geschenk der Stadt. Norton zog sie gleich an und fühlte sich wunderschön. Die alte war im Laufe der Jahre etwas abgenutzt und verschlissen. Außerdem stank sie, was Norton aber erst jetzt bemerkte, da er die neue trug. Hochzufrieden machte er sich nun auf den Weg zur alltäglichen Inspektion.

Am Nachmittag erhob der Kaiser alle Mitglieder des Stadtrates in den Adelsstand.

1880, Das Ende der amerikanischen Monarchie

Mit gütiger Hand regierte Kaiser Norton sein Reich. Hin und wieder gab es Schäden an öffentlichen Gebäuden, die schnell behoben wurden, sobald der Monarch dieses befahl. Hin und wieder kam es auch zu kleineren Streitigkeiten, zwischen Amerikanern mit chinesischen und Amerikanern mit anderen Wurzeln. Dann rief Norton seine Untertanen zu Brüderlichkeit und Nächstenliebe auf. Bald kam es kaum noch zu Konflikten zwischen den verschiedenen Volksgruppen, waren die Leute doch alle kaiserlichen Untertanen. Regelmäßig korrespondierte der Herrscher mit der hoch geschätzten und verehrten Queen Victoria. Leider musste Norton viel zu lange auf eine Antwort warten. Doch eines Tages war es so weit. Der Postdirektor höchstpersönlich brachte ihm an einem Nachmittag einen versiegelten Brief mit dem Wappen der Queen von England. »Majestät«, rief der Beamte schon von Weitem, »ich bringe Ihnen wichtige Post! Schauen Sie doch nur, wer Ihnen geschrieben hat.« Er wedelte mit dem Brief in der Luft herum und freute sich schon darauf, allen Leuten, die er kannte, von diesem Schreiben zu berichten.

Norton war hocherfreut, versuchte jedoch, sich dieses nicht anmerken zu lassen, da er glaubte, es zieme sich nicht für einen Mann in seiner Position, vor Freude Luftsprünge zu machen oder gar Purzelbäume zu schlagen.

»Nun geben Sie schon her, guter Mann«, sagte er kühl, nahm den Brief in Empfang und ging zurück in sein Quartier, wo er ihn unbeobachtet öffnete und las.

»Verehrter Joshua Norton I., Kaiser von Amerika, Schutzherr von Mexiko, anlässlich Ihrer Glückwünsche zu meinem 40-jährigen Thronjubiläums möchte ich Ihnen, meinem treuen und gütigen Freund aus Amerika, die herzlichsten Grüße und Gottes Segen zusenden.

So manches Mal habe ich mir gedacht, ich muss Euch für all Eure warmen Worte und überaus hilfreichen Ratschläge der vergangenen Jahre meinen aufrichtigen und tiefempfundenen Dank übermitteln. Dieses möchte ich mit diesem Schreiben von ganzem Herzen tun. Wie Ihr vielleicht wisst, habe ich mich nach dem Tode meines geliebten Gatten weitgehend aus dem öffentlichen Leben zurückgezogen. Umso wohler und hilfreicher waren mir Eure lieben Briefe, die mir in jeder Not, in jeder Lebenslage, sei sie politischer oder persönlicher Natur, Kraft und Mut gegeben haben.

In Liebe und treu ergebener Freundschaft

Victoria, Königin des Vereinigten Königreichs Großbritannien und Irland und Kaiserin von Indien«

Norton ließ den Brief sinken. Eine Träne der Rührung lief über seine Wange. Die Königin von England, Queen Victoria. Sie hatte seine Glückwünsche erhalten. Sie war ihm wohlgesonnen.

»Oh, verehrte Victoria, wie gerne würde ich Eurer Majestät meine Aufwartung machen.« Norton überlegte, ob er die Strapazen einer so weiten Reise auf sich nehmen sollte. Großbritannien und Amerika miteinander zu verbinden, womöglich durch eine Eheschließung beider Herrscher, das wäre doch eine reizvolle Mission. Zumal die beiden Mächte im sogenannten Unabhängigkeitskrieg vor über hundert Jahren im Streit auseinandergegangen waren, jener unselige Krieg, den Washington geführt hatte. (Aber nicht der verrückte Washington, sondern der echte, der von früher.) Ja, es wäre wunderbar, der Königin seine Aufwartung zu machen. Und es hätte weitreichende positive Folgen in außenpolitischer Hinsicht. Die Weltordnung könnte sich durch eine Verbindung der beiden Reiche vollkommen neuformieren. Allerdings musste Norton zugeben, dass die Queen ihm wahrscheinlich keinen Thronfolger mehr bescheren konnte. Immerhin hatte sie ihr sechzigstes Lebensjahr schon beinahe erreicht. Wie reizvoll der Gedanke auch war, die Königin von England zu besuchen, leider war der Kaiser in seinem eigenen Reich unverzichtbar. Amerika brauchte ihn. Jeden Tag, jede Minute. Da konnte er nicht einfach für längere Zeit verreisen. Die Queen musste sich schon zu ihm bemühen. Sogleich setzte sich Norton hin und lud sie schriftlich zu einer Tasse Tee und einem Staatsempfang in San Francisco ein.

An einem kühlen Abend im Januar stieg in dem Monarchen eine merkwürdige Melancholie auf. Er fühlte sich schwach und ein wenig hilflos. Gerade kam er vom *San Francisco Chronicle*, wo er einige Erlasse abgegeben hatte, und war nun auf dem Heimweg. Ihm wurde übel. Schwer atmend blieb er stehen und sah sich um, wo er sich abstützen konnte. Merkwürdige Gedanken schossen ihm in den Sinn. Gedanken über sein Leben.

Von dem Greenhorn, das vor vielen langen Jahren aus Südafrika gekommen war, um in Kalifornien ein großer Geschäftsmann zu werden, war nicht viel geblieben.

Dem Kaiser wurde furchtbar heiß. Mit fahrigen Fingern öffnete er die Jackenknöpfe.

Natürlich hatte er große geschäftliche Erfolge gehabt, doch wesentlich entscheidender war, was er erreicht hatte, nachdem er in die Politik gegangen war, als er die Herrschaft über die Vereinigten Staaten übernommen hatte. Etlichen Bürgern hatte er aus bitterer finanzieller oder seelischer Not geholfen.

Ganz furchtbar heiß wurde ihm, obwohl es doch ein kühler Januarabend war. Der Regen, der nun einsetzte, tat ihm wohl. So unsagbar wohl.

Er hatte das amerikanische Volk gleich von zwei unrechtmäßigen Herrschern befreien können, von Washington II. und Lincoln. Zwei Bürgerkriege konnte er beenden, den zwischen Nord und Süd und den zwischen China und Amerika. Er war ein Kaiser des Friedens.

Der Regen wurde stärker. Und kälter. Dem Monarchen war dennoch furchtbar heiß.

Er hatte sich um Verrückte und um herumstreunende Hunde gekümmert.

Nun wurde ihm auch noch schwindelig.

Konsequent und unnachgiebig hatte er jedes Übel in seinem Reich bekämpft und das Gute gefördert.

»Lang lebe der Kaiser!«, riefen Stimmen, von denen er nicht wusste, woher sie kamen.

Den US-Kongress, der von Korruption durchseucht war, hatte er aufgelöst und überwunden. Nach dem unerträglichen Putschversuch aus den Reihen der Polizei hatte er das Reich wieder befriedet und die Volksseele geschickt beruhigt.

Plötzlich wurde ihm kalt. Unsagbar kalt, wie nie zuvor in seinem Leben.

Gütig wie ein Vater hatte er sein Volk durch jede große und kleine Krise geführt. Selbst schwere Verbrechen, wie den Hochverrat durch Lincoln und Barbier, hatte er mit Liebe beantwortet.

»Sammy«, murmelte er, »da bist du ja, du Bankert.«

Der Kaiser stürzte zu Boden. Dass er in einer Pfütze landete, spürte er nicht.

»Hörst du sie noch immer, die Stimmen?«

Ein Polizist fand den Kaiser am Boden liegend. Er atmete nicht mehr.

Die erschütternde Nachricht vom Tod des Kaisers traf die Bevölkerung der Stadt wie ein Hammerschlag. In jeder Zeitung wurde darüber berichtet, obwohl es eigentlich nichts zu berichten gab, außer, dass Norton überraschend und plötzlich einfach tot umgefallen war. Der *San Francisco Chronicle* schrieb: *»Auf dem elenden Pflaster, im Dunkel einer mondlosen Nacht im tropfenden Regen und umgeben von einer sich rasch versammelnden Menge staunender Fremder, verstarb Norton I., von Gottes Gnaden Kaiser der Vereinigten Staaten und Schutzherr von Mexiko.«*

Der *Morning Star* titelte: *»Norton der Erste, von Gottes Gnaden Kaiser dieser Vereinigten Staaten und Schutzherr von Mexiko, verstorben«.*

Der Nachlass des Kaisers reichte nicht einmal für die billigste Bestattung und so stand bald fest, dass er im Armengrab landen würde. Das wollten die Herren vom Pacific Club nicht zulassen. Dieser Zirkel der wohlhabendsten Geschäftsmänner der Stadt traf sich wenige Stunden nach dem Bekanntwerden der traurigen Nachricht und beschloss, dem toten Kaiser aus seiner finanziellen Misere zu helfen und eine würdevolle Beerdigung zu ermöglichen. Sie sammelte innerhalb weniger Stunden mehrere Tausend Dollar. So konnte der Kaiser in einem ungewöhnlich prächtigen Sarg, der in einem Meer aus Blumen und Kränzen versank, zur letzten Ruhe gebettet werden. Der hochglänzende Sarg, auf dem die amerikanische Fahne ausgebreitet war, wurde in einem Sechsspänner von schwarzen Rassepferden durch die Stadt gezogen. Hinter der noblen Kutsche wurde ein gesatteltes, reiterloses Ross geführt. In den Steigbügeln steckten Stiefel verkehrt herum.

Damit sollte symbolisiert werden, dass Amerika nun ohne Führung war. An den Straßenrändern standen zehntausende Trauergäste, um dem Kaiser von Amerika die letzte Ehre zu erweisen. Wo der Sechsspänner vorüberrollte, nahmen die Leute ihre Hüte ab, senkten die Köpfe und schwiegen ehrfürchtig.

In der Menge der Trauernden stand der Bierkutscher neben einem chinesischen Koch namens Wu Jinhai.

Der Asiate sagte traurig: »Es ist wirklich ein Jammer, dass der Kaiser gegangen ist.«

»Da stimme ich dir zu, China-Mann,«, sagte der Bierkutscher freundlich. »Weißt du, ich kannte ihn persönlich. Ich behaupte sogar, wir waren miteinander befreundet.«

Wu Jinhai sagte: »Er war etwas verrückt, aber auf eine wohlwollende, liebenswürdige Art. Und er war auch weise, nicht wahr?«

Der Bierkutscher strahlte den chinesischen Koch an. Endlich war da jemand, der begriff, wie es war, der so fühlte, wie er.

»Ganz genau, und der Kaiser hatte fast immer Recht mit dem, was er sagte. Er durchschaute auf seine eigene verrückte Art Dinge, über die unsereins erst lange nachdenken muss.«

Wu Jinhai sagte: »Ja, der Kaiser war ein besonderer Mensch. Er einte die Leute.«

»Absolut«, stimmte der Bierkutscher ihm zu und sah den Chinesen nachdenklich an. Dann rief er mit starker Bierkutscherstimme: »Lang lebe der Kaiser!«

Und die Leute um ihn herum stimmten mit ein.

Anhang

Kaiser Joshua A. Norton I.

Diese Geschichte beruht auf wahren Begebenheiten. Ein paar wenige Personen habe ich mir ausgedacht. Joshuas Halbbruder und Freund Sammy entsprang ebenso meiner Fantasie wie der Bierkutscher, Misses Blake und ein paar Randfiguren.

Wirklich existiert und größtenteils so gehandelt wie hier beschrieben haben folgende Menschen und Tiere: Kaiser Norton, Frederick Coombs, Mister Martin vom *Martin & Horton's*, Generalmajor Winfield Scott, Abraham Lincoln, George Washington, Queen Victoria, Ned Knight, die Hunde Bummer und Lazarus, der Schauspieler und Attentäter John Booth, der Polizist Armand Barbier, der Polizeikommandant Patrick Crowley.

Die kursiv geschriebenen Textpassagen sind Zitate von den im Text angegebenen Personen oder aus den entsprechenden Quellen. Überwiegend habe ich sie aus Wikipedia bezogen. Da dieses keine wissenschaftliche Arbeit darstellt, halte ich diese Vorgehensweise für legitim.

Folgendes dürfte als Tatsachen gewertet werden:

- Frederick Coombs wurde 1803 in London geboren. Da seine Eltern früh verstarben, wurde er von Verwandten aufgezogen.
- 1806 Abraham Lincoln wurde in Kentucky geboren.
- Zwischen 1811 und 1819 wurde Joshua Abraham Norton in England geboren. Da gibt es widersprüchliche Angaben. Nach den Aufzeichnungen der Kirchengemeinde von

Priors-Lee (heute Telford) wurde er am 17. Januar 1811 als Sohn von John und Sarah Norton geboren.

- 1820 wurden von dem britischen Empire 4,000 Siedler in die Kapkolonie in Südafrika entsendet. Das Gebiet sollte auf diese Weise »zivilisiert« und befriedet werden. Jeder Siedler, dessen Antrag stattgegeben wurde, erhielt eine kostenlose Schiffspassage und ein Stück Land in der Kolonie. Die Familie Norton war dabei.
- 1823 ging Frederick Coombs nach eigenen Angaben nach Kalkutta.
- Frederic Coombs hat tatsächlich eine neuartige elektrische Lokomotive entwickelt und diese 1838 in London vorgestellt. Einige Jahre später hat Coombs angegeben, dass er, und nicht Samuel Morse, den Telegrafen erfunden hätte. Auch die Camera obscura, die als Vorgänger moderner Fotoapparate gilt, glaubte Coombs erfunden zu haben. Er ließ sich in San Francisco als Fotograf nieder, wo mehrere seiner Fotoateliers in Flammen aufgingen.
- 1841 erschien das von Coombs verfasste Buch *Popular Phrenology.*
- 1849 wanderte Joshua Norton, nachdem sein Vater ihm 40.000 US-Dollar geschenkt hatte, nach San Francisco aus. Dort tätigte er einige Grundstücksgeschäfte.
- 1848 - 1854 lockte ein Goldrausch viele Einwanderer nach Kalifornien. Darunter viele Chinesen. Hauptsächlich durch Zuwanderung wuchs die Bevölkerung von

Frederic Coombs als George Washington

San Francisco in den Jahren 1848 und 1849 von 1.000 auf 25.000 Einwohner an.

- In den frühen 1850ern verbot das Kaiserreich China aufgrund einer Hungersnot den Reisexport. Norton investierte eine große Summe in eine Schiffsladung peruanischen Reis (91 Tonnen) in der Hoffnung auf ein Ansteigen der Preise. Leider wurde nun der Reis in großen Mengen aus Peru importiert, der Reispreis fiel wieder rapide. 1858 war Norton bankrott.
- Am 17. September 1859 ernannte sich Norton zum Kaiser der Vereinigten Staaten von Amerika. Die ortsansässigen Zeitungen informierte er schriftlich über seine Herrschaftsansprüche. Gelegentlich fügte er seinem Titel noch den Zusatz »Schutzherr von Mexiko« bei.
- In den folgenden Jahren erließ Norton zahlreiche kaiserliche Weisungen, die in der lokalen Presse abgedruckt wurden.
- Der Kaiser inspizierte ständig die Straßen von San Francisco. Dabei trug er eine blaue Uniform mit goldenen Schulterstücken. Diese hatte er von Soldaten des Armeestützpunktes Presidio geschenkt bekommen. Dazu trug er am Hut eine Pfauenfeder. Auf seinen Rundgängen überprüfte er den Zustand der Fußwege und den der öffentlichen Gebäude.
- Norton befahl eine Brücke zu errichten, die San Francisco auf kurzem Weg mit dem Festland verbinden sollte.

An Edict.

His Imperial Majesty, Norton I., has issued the following edict to Hall McAllister, Esq.:

H. McAllister, Esq.—You are hereby commanded to apply to the United States Supreme Court for a Writ of Error, so that we can legally proceed to the capitol, at Sacramento, and *burn up* the new Constitution.

Given under our hand and seal, this twenty-second day of May, A. D., 1879. NORTON I. [SEAL.]

Dei Gratia Emperor of the United States, and Protector of Mexico.

Tatsächlich wurde diese auch gebaut. Allerdings wurde erst 1933 mit den Arbeiten begonnen. 1937 wurde die Golden Gate Bridge eröffnet.

- Am 12. Oktober 1859 löste er per Erlass den US-Kongress auf. Dieser Erlass wurde von der Regierung in Washington ignoriert. Daraufhin befahl Norton der Armee, die Rebellen zu beseitigen. Diesem Befehl wurde nicht Folge geleistet. Es folgten weitere kaiserliche Erlässe. Zeitweilig gestattete der Kaiser dem Kongress weiterzuarbeiten.
- Abraham Lincoln wurde 1861 zum Präsidenten der Vereinigten Staaten von Amerika gewählt.
- Von 1861 bis 1865 tobte ein Bürgerkrieg zwischen den Nord- und den Südstaaten. Davon blieben Kaiser Norton und Washington II. jedoch unberührt. Zwar hat sich Washington II. im *Martin & Horton's* mit Kriegsführung und strategischen Truppenbewegungen beschäftigt, diese bezogen sich jedoch auf den Unabhängigkeitskrieg (1775-1783).
- Tatsächlich verbot Norton per Erlass die Benutzung »des fürchterlichen Begriffes Frisco« für die Stadt. Anders als hier beschrieben allerdings erst im Jahre 1872. Da hatte Washington II. längst das Feld geräumt. Wer weiterhin seine Stadt als »Frisco« bezeichne, sollte 25 Dollar an das kaiserliche Schatzamt entrichten.

- Als sicher gilt, dass Norton der Queen von England Briefe geschrieben hat. Eine mögliche Korrespondenz mit dem Kaiser von China habe ich mir hingegen ausgedacht.
- Um 1860 erklärte Frederick Coombs, der wiedergeborene George Washington zu sein. Coombs und Norton versuchten, sich gegenseitig in die örtliche Irrenanstalt einweisen zu lassen.
- Auch die beiden streunenden Hunde Bummer und Lazarus hat es wirklich gegeben. Die Presse von San Francisco hat ebenso augenzwinkernd und ausführlich Geschichten über sie veröffentlicht, wie über Norton und Coombs.

Bummer und Lazarus

- Im Juni 1862 wurde Lazarus von einem neu eingestellten Hundefänger aufgegriffen. Die Bürger von San Francisco protestierten dagegen und der Hund wurde wieder freigelassen. Die Stadtverwaltung erklärte nach diesem Vorfall, Bummer und Lazarus seien von nun an von der städtischen Verordnung zur Bekämpfung herumstreunender Hunde befreit. Tatsächlich hatte Norton nichts damit zu tun.
- Anders als hier beschrieben starben die Hunde Bummer und Lazarus in den 1860ern. Lazarus wurde vermutlich vom Wagen der freiwilligen Feuerwehr überfahren. Der tote Hund wurde ausgestopft in im *Martin & Horton's* aufgestellt. 1865 starb Bummer nach dem Fußtritt eines Betrunkenen. Der Täter wurde zu einer Geldstrafe von 25 Dollar verurteilt. Auch Bummer wurde ausgestopft und neben Lazarus aufgestellt.
- 1867 wurde der Kaiser von dem Polizisten Armand Barbier in Haft genommen, um ihn auch gegen seinen Willen gegen Geisteskrankheiten behandeln zu lassen. Die Öffentlichkeit protestierte laustark. Von dem Tag an wurde Norton auf der Straße von allen Polizisten, die ihm begegneten, salutiert.
- Zur Begleichung kleinerer Schulden gab der Kaiser seine eigene Währung aus. Die Banknoten besaßen einen ausgewiesenen Wert von 50 Cent bis zu 10 Dollar und wurden von den örtlichen Geschäftsleuten anerkannt.

- Die Stadt San Francisco schenkte Norton, als seine Uniform abgenutzt war, einen angemessenen Ersatz. Der Kaiser dankte dafür den Stadträten und adelte sie dafür.
- Nachdem Coombs 1865 San Francisco verließ, ging er zunächst nach Washington. Beim Theaterbesuch wurde er aufgrund seiner exzentrischen Kleidung für einen Akteur der Show gehalten. So wurde er auf die Bühne gebeten, wo er eine seiner Reden hielt. Später ging er nach New York, schrieb seine Autobiografie und starb in ärmlichen Verhältnissen.
- Vom 23. Juli bis zum 25. Juli 1877 kam es zu einem Pogrom gegen chinesische Einwanderer. Chinesische Geschäfte wurden zerstört und es kam zu zahlreichen Gewalttaten und mehreren Toten.
- In den 1860er und 1870ern gab es häufig antichinesische Demonstrationen. Bei einem dieser Vorfälle soll sich Norton zwischen die Fronten gestellt und immer wieder das Vaterunser gebetet haben, bis sich der Mob auflöste und zerstreute.
- In seiner Autobiografie behauptete Coombs, dass der amerikanische Staat ihm die beträchtliche Summe von 17 Trillionen Dollar schuldig sei.
- Ob die Queen Victoria je auf Nortons Briefe reagiert hat, ist nicht überliefert. Ich konnte mir jedoch nicht verkneifen, ihm in diesem Buch mit einer Antwort eine kleine Freude zu bereiten.

- Am 8. Januar 1880 stürzte Norton auf offener Straße und starb, bevor er ins Krankenhaus gebracht werden konnte.
- Das reiterlose Ross begleitet auf Militärbestattungen ranghoher Personen wie beschrieben den Trauerzug. Ob bei Nortons Bestattung eines dabei war, ist nicht überliefert.
- Tatsächlich sollen 30.000 Menschen die Straßen gesäumt haben, als Nortons Trauerzug ihn zum Friedhof brachte. Der Leichenzug, der dem Sarg folgte, soll zwei Meilen lang gewesen sein.

Skurrile Unterhaltung von Andreas Mundt

Der vergessliche Fisch

Eine merkwürdige Geschichte aus den Wümme-Wiesen

148 S., TB, 14 x 19 cm
10,90 Euro
ISBN 978-3-95494-218-3

Aufstieg und Fall einer dörflichen Weltreligion: In Heuwede, einem winzigen Ort zwischen Fischerhude und Quelkhorn bei Bremen, lebt der Landwirt Knut Harmsen. Eines Tages gerät dem Bauern eine kräftige Ladung Wildkraut-Ex in den Karpfenteich des Bürgermeisters. Und leider sind ihm auch noch Dämpfe von dem Zeug in das Hirn gezogen. Kurz darauf hört Knut zum ersten Mal die Stimme des Fisches. Ein Ereignis, das sich als eine religiöse Offenbarung erweist und nicht nur das Dorfleben gehörig durcheinander bringt. Neben Knut und dem Karpfen sind auch dabei: ein atheistischer Bischof, eine fast echte Prinzessin, ein fetter Kater mit Blähungen, drei geheimnisvolle Veganerinnen uvm.

Hühnerhorst

Eine seltsame Reise ans Nordkap

152 S., TB, 14 x 19 cm
12,90 Euro
ISBN 978-3-95494-146-9

Eigentlich war es seine Frau, die sich am Nordkap die Polarlichter ansehen wollte. Doch die hatte es zu Lebzeiten nicht geschafft. Woran Horst nicht ganz unschuldig war. Also macht er sich auf den Weg. Stellvertretend sozusagen. Und weil er die beiden Hühner Helene Fischer und Renate nicht alleine zurücklassen kann, nimmt er sie einfach mit. Und weil das Auto gerade kaputt ist, fahren die drei mit dem alten Mofa los.
Werden sie ihr Ziel erreichen? Gibt es in Schweden wirklich fliegende Toilettenhäuschen oder gefährliche Kaninchen? Was haben der Papst und Königin Silvia in dieser Geschichte zu suchen?

Mein liebes Blümchen

Ein Bremen-Krimi der besonderen Art

Taschenbuch, 144 Seiten
Format 14 x 19 cm
12,90 Euro
ISBN 978-3-95494-282-4

Ein krimineller Ex-Bulle und seine demente Komplizin treiben in Bremen ihr Unwesen. Dabei geraten sie an einen Nazi, den alle lieb haben, an eine vegane Punkerin, an einen syrischen Professor, der kaum ein deutsches Wort versteht und an einen Fuchs, dem ein Auge fehlt. In seinem neuen Buch, das ernster als gewohnt daherkommt, präsentiert uns Andreas Mundt merkwürdige Figuren, eine absurde Handlung und schließlich ein überraschendes Ende. Der perfekte Krimi für Leute, die eigentlich keine Krimis mögen.

Elbe-Weser-Krimis von Reinhold Friedl

Tödliches Tabu

Bd. 1, 196 S., TB 14x19 cm
12,90 Euro
ISBN 978-3-95494-306-7

Auf einer stillgelegten Fähre wird nach einem Schützenfest eine Leiche gefunden. Lokalreporter Amandus Abendroth ist immer auf der Suche nach der großen Story und meist einen Schritt schneller als die örtliche Polizei. Bei seinen Ermittlungen im Elbe-Weser-Dreieck stößt er auf Drogenschmuggel und andere kriminelle Machenschaften, auf eitle, skrupellose Politiker und undurchschaubare Typen.

Ein unerklärlicher Unfall und ein weiterer Mord geben den Ermittlern Rätsel auf … Welche Rolle spielen die Vereinten Nationen und was hat die SPD des Cuxlandes mit der Sache zu tun?

Codewort: Große Hochzeit

Bd. 2, 188 S., TB 14x19 cm
12,90 Euro
ISBN 978-3-95494-307-4

Die ausgelassene Feier nach dem Gewinn des Oste-Pokals endet für die blau-weißen Kicker mit einem bösen Erwachen: Eine Spielerfrau wird auf dem Nachhauseweg brutal ermordet; der Schnitt durch ihre Kehle ähnelt einem roten Halbmond. Die gesamte Mannschaft und ihre Gäste sind für die örtliche Polizei tatverdächtig, auch der Lokalreporter Amandus Abendroth, der die Leiche gefunden hat. Als Amandus' Benz in Schutt und Asche aufgeht, wird klar, dass es sich um keinen persönlichen Rachefeldzug handelt, sondern dass der islamistische Extremismus die norddeutsche Provinz erreicht hat.

Tödliche Schriftrollen vom Nil

Bd. 3, 180 S., TB 14x19 cm
12,90 Euro
ISBN 978-3-95494-308-1

Nach einer Feier ist Abendroth mit einem Freund auf dem Weg zur Grimmershörnbucht. Doch aus dem geplanten Absacker wird nichts: Am Seezeichen Kugelbake entdecken sie eine Leiche, scheinbar gekreuzigt, in einem weißen Umhang mit rotem Brustkreuz und einer Schakalsmaske. Im Haus des Toten stößt Abendroth auf wertvolle ägyptische Altertümer, die ihn zum Untergang der Huker Galeasse „Gottfried" führen, die 1822 in der Elbmündung sank. An Bord, Schätze aus dem Alten Ägypten. Als Amandus Abendroths Informanten nach und nach ermordet werden, scheint klar, dass die mysteriöse Fracht Geheimnisse birgt, die nicht nur das Cuxland erschüttern könnten …